"La perfezione dell'imperfezione
un infinito gioco cosmico nel quale
il Creatore si riconosce specchiandosi"

Grazie ai miei genitori
per aver manifestato il divino.
Grazie ai miei figli Benedetta e Andrea
per essere i miei migliori maestri.

Grazie al Maestro asceso Saint Germain
per avermi spiegato l'origine.

La prefazione é di **Laura Piro Xochimiquiztli**
Kinesiologo Naturopata, laureata in Scienze Ambientali,
iniziata al 4° livello del Sentiero Andino e alla Tradizione
Tolteco-Mexica - *Grazie Laura* -

Prefazione

"Ogni favola è un gioco..." canta Edoardo Bennato ed il gioco è il modo che hanno i cuccioli, di tutte le età, per imparare a vivere nella realtà in cui hanno scelto di vivere.

In questo piccolo scrigno che avete tra le mani Meg vi accompagnerà in un percorso di scoperta e di gioco con quelle che sono state chiamate le "Cinque ferite emozionali" fino alla condivisione di una sorprendente favola, una gioiosa intuizione finale sulla nascita di queste ferite.

Nel gioco degli opposti e dei complementari, 'ferite' e 'talenti' vanno a spasso a braccetto, come sfida e crescita, coppia e Uno, fine e inizio...

Scorrendo queste pagine e sperimentando il metodo proposto da Meg potrete trovare nuovi strumenti per ridare voce ed energia ai vostri talenti, riempiendo di luce e leggerezza il vostro cuore e tutta la vostra bolla, verso la realizzazione della vostra missione e la crescita spirituale diffusa e condivisa.

Un nuovo modo di vivere le relazioni con voi stessi e con gli altri, con una rinnovata consapevolezza e apertura verso:

"Universi sconosciuti, anni luce da esplorare,
astronavi della mente e altre verità!"

Laura Piro Xochimiquiztli

"Il Gioco Divino del ricordo di Sé"

Risolvi le 5 ferite in 5 passi con il metodo MeG

Eccoti!!!
Sei nello spazio dell'anima dove puoi guarire le ferite che ti impediscono di condurre la vita che desideri.
Se hai deciso di aprire questo manuale significa che la parola 'ferita' non ti spaventa e sei pronto ad affrontare la parte profonda di te che prova dolore, che chiede di essere ascoltata e compresa e guarita.
Probabilmente questo è il manuale che aspettavi da tempo, un valido strumento che ti permetterà di guardarti dentro, di comprendere il perché della reiterazione di certi schemi, del perché ti sembra così difficile essere te stesso fino in fondo, fidarti delle tue sensazioni innate o semplicemente darti il valore che meriti.
Allora complimenti!
Stai per fare uno dei salti quantici che comincerà a trasformare la tua esistenza portandoti quella sensazione di libertà e centratura che ti farà sentire tutto il tuo valore, permettendoti di iniziare il cammino per diventare tutto ciò che hai sempre desiderato essere.

Buon viaggio anima cara, e buona guarigione!

COSA E QUALI SONO LE CINQUE FERITE:

Le ferite sono nell'ordine: rifiuto, abbandono, umiliazione, tradimento e ingiustizia.

Per ferita emozionale s'intende una circostanza molto dolorosa vissuta in un particolare momento che può andare dal concepimento fino agli otto/dieci anni di età. Un'esperienza che mette l'essere in un pericolo emotivo tale da costringerlo ad attuare un particolare sistema di difesa: la formazione di una maschera con la quale mostrarsi al mondo nel caso ci sia anche solo l'avvisaglia che lo stesso tipo di dolore stia per essere reiterato.
Parliamo di una sofferenza talmente grande per cui l'essere ha davvero avuto la sensazione di annientamento, come di fronte ad un pericolo di morte incombente.
Il rifiuto percepito dal bambino, anche nel ventre materno, ad esempio da una gravidanza indesiderata e portata comunque avanti fino al concepimento, può gettarlo in una tale disperazione che, per non morire, sviluppa un meccanismo difensivo che attuerà automaticamente ogni qual volta si troverà in presenza dello stesso tipo di stimolo emotivo.

L'EGO E LA COSTRUZIONE DELLE MASCHERE:

Cos'è l'Ego? Questo famigerato nemico occulto. Questa parte bistrattata di noi, altro non è che il nostro migliore amico, il nostro software, il nostro computer di bordo.
Quando ancora non sapevamo cosa fosse la consapevolezza del Sé, quando ancora non riconoscevamo noi come individui, questa parte era preposta a difenderci e ad imparare.
Lui, il computer-ego ha registrato tutto quello che c'era da

sapere su come: si cammina, ci si lava, ci si veste, via via fino ad essere memoria dei condizionamenti acquisiti; lui è la parte di noi che dobbiamo ringraziare per la grande efficienza, l'automatismo attraverso il quale siamo in grado di guidare l'auto senza più pensare al 'come' ogni singola volta in cui dobbiamo schiacciare il piede sul freno ed è la parte di noi che scatta ancor prima del pensiero cosciente quando il pericolo minaccia la nostra sopravvivenza.

L'anima è eterna e sa di esserlo, non ha bisogno di aver paura del leone, si meraviglia estasiata davanti alla bellezza intrinseca di quel grande affascinante animale peloso, ci vorrebbe giocare, non lo concepisce come pericoloso, non lo riconosce come tale: è il bambino che attraversa la strada sfuggendo di mano alla madre perché non concepisce la morte.

La parte di noi atta a riconoscere il pericolo e a registrarlo come tale per difenderne la sopravvivenza in questa dimensione terrena è l'Ego.

Come si forma la maschera: l'essere sente arrivare la ferita e con essa l'immenso dolore che procura, in quel momento l'Ego come un bravo generale, corre immediatamente ai ripari, scatta un allarme rosso e viene istituita una modalità tale per cui l'essere non possa più essere toccato dal dolore a quelle profondità ritenute vitali. Una modalità che sarà sempre quella, sempre la stessa, una registrazione di 'come si fa a tenere lontano da noi quel tipo di dolore': una specie di cicatrice sinaptica. Un muro invalicabile. Un automatismo del quale, fino a quando non sono state studiate le ferite, non eravamo a conoscenza, o perlomeno non nelle esatte modalità con le quali l'ego agisce o nelle quali possiamo realmente riconoscerci per risolvere e trasformare. Queste modalità prendono il nome di 'maschere'. Avremo un tipo di maschera per ogni tipo di ferita:

'Il Fuggitivo' per la ferita da rifiuto. 'Il Dipendente' per quella da abbandono, 'Il Masochista' per l'umiliazione, 'Il Controllore' per la ferita da tradimento e infine 'Il Rigido' per la ferita da ingiustizia.

Fermo restando che analizzeremo la concezione karmica delle ferite nel capitolo "Il Gioco Divino del Ricordo di Sé", cominciamo l'analisi delle ferite da alcune modalità che sono state codificate dalla prima persona che si è dedicata al loro studio: Luise Borbeau, in maniera tale da rendere semplice poterci riconoscere nel loro comportamento..

Tengo a specificare che nessuno di noi è mai puramente una sola ferita, piuttosto un misto di tutte e cinque per le quali lo schema prevalente potrebbe essere questo:

una è la 'ferita originaria' quella con la quale ci confrontiamo per tutta la vita; una che 'controlla' credendosi, per un certo periodo, la modalità risolutiva e infine una che modera, o 'ferita attiva' in un determinato momento.

FERITA DA RIFIUTO:

È molto dolorosa, primo perché viene inflitta quando l'essere ancora non conosce il dolore, secondo perché può avvenire dal concepimento al primo anno di età minando il diritto stesso ad esistere, terzo perché la si percepisce dal genitore dello stesso sesso. Per la bambina dalla madre. Per il bambino dal padre.

Come viene inflitta.

Come accennato, già nel grembo materno l'essere può sentirsi non voluto, respinto, a causa di una gravidanza indesiderata ma anche, alla nascita, nel caso il sesso del nascituro sia diverso da quello che il genitore avrebbe voluto o ancora, nella probabilità che due fratellini nascano in tempi molto ravvicinati, ad esempio perché la mamma rimane incinta quando ancora sta allattando il primo figlio. In qualsiasi modo accada, ci si ritrova ad avere la percezione di essere di troppo, invadenti, la sensazione di voler esserci stati per forza, come se ci si fosse intromessi in uno spazio non proprio, qualcosa che non spettava di diritto, si sente il rifiuto quasi come fosse cosa giusta, ci si percepisce sbagliati ed è quindi lecito che la madre o il padre non ci vogliano perché si dà per assunto di essere un errore.

Il genitore non può essere messo in discussione, è visto come un Dio in virtù del fatto che ci ha dato la vita, la necessità è di vederlo perfetto in quanto la nostra sopravvivenza dipende da lui, diventa quindi logica la percezione che se non ci vuole è perché 'in noi c'è qualcosa che non va'.

Nasce qui l'esigenza di non essere un peso, un disturbo, di non farsi sentire, di fare le cose nel migliore dei modi per dimostrare che siamo un 'valore aggiunto' e non un peso acquisito, il fare diventa molto importante come metro di valutazione; quando non ci si riesce la reazione automatica è quella di fuggire, proprio per questo, quella della ferita da rifiuto, viene denominata maschera del 'Fuggitivo'.

Avremo un bambino silenzioso, il classico bambino di cui la mamma parla con le amiche in questo modo: "È bravissimo, non fa capricci, quasi non mi accorgo di averlo". Un bambino che cerca di fare tutto nel migliore dei modi, che passa il tempo in un mondo tutto suo, disegnando, leggendo, giocando, quasi infastidito quando lo si richiama alla realtà.

Anche da adulto tende a restare in disparte, in un'assemblea non prende quasi mai la parola, non ama lavorare in team ma anzi, preferisce lavorare da solo, risolvere problemi, è un ricercatore e le sue soluzioni sono sempre geniali; la gestione del tempo per il 'fuggitivo' è problematica, quando deve rispettare una scadenza è molto probabile che due giorni prima non sia nemmeno a metà del lavoro, ma potete star certi che, fosse anche sullo scadere del gong, consegnerà un lavoro perfetto, avendo trovato, per concluderlo, una soluzione nuova e originale, geniale appunto. Adora distinguersi, rendersi unico agli occhi degli altri per cercare di sentirsi accettato e, siccome tende a confondere l'essere con il fare, cerca di realizzare tutto in modo impeccabile, poiché, anche una critica minima al suo lavoro viene scambiata come una critica verso la sua persona. Quando gli fanno notare in quale punto ci sia un errore è come se gli venisse detto che in quel punto è lui stesso a essere sbagliato.

Dentro di sé infatti, è così che si percepisce: uno sbaglio.

Sente che la sua presenza non importi a nessuno e difatti 'niente' e 'importare' sono le parole e il verbo che più vengono ripetuti nel suo parlato:

"Non vale niente"

"Non fa niente"

"Non importa"

"Non m'importa nulla"

"Non ho niente"

"Non gli/le importa niente di me"

"È sempre stato una nullità"

"Fai quello che ti pare non m'importa niente"
"Vorrei sparire"
"Nessuno mi vuole"
Insieme a:
"Avrei solo voglia di scappare via"
"Se me ne andassi non se ne accorgerebbe nessuno"
"Non vedo l'ora di andarmene"
"Non vedo vie di fuga"

Spesso, anche se non necessariamente, il fuggitivo le vie di fuga le trova nelle sostanze che danno dipendenza, le droghe e l'alcool in primis, ma anche lo shopping compulsivo; nel tentativo, anche disperato, di annullarsi dimenticandosi di esistere, come se quel 'fare' all'esterno, e all'estremo, lo distraesse dal dolore che sente dentro si sé.
Il fuggitivo cerca la solitudine perché anche qualora ricevesse attenzioni, non saprebbe né come reagire né cosa fare, non è abituato a sentirsi amato e non crede che possa succedere realmente, anche per questo non ama circondarsi di persone e ha pochissimi amici. Tende a isolarsi cosicché anche gli altri tendono a lasciarlo da solo confermando la sua certezza che a nessuno importi la sua presenza.

Nel suo isolarsi approfondisce l'argomento che lo interessa, così può succedere che un amante delle auto d'epoca, per fare un esempio, conosca alla perfezione ogni tipologia di restyling, o variazione del motore, dei cilindri, quando è stato aggiunto o tolto un optional. Insomma, che sia un'auto, la squadra del cuore o i diversi modi per smaltarsi le unghie, del suo argomento preferito sa tutto!
Non lo si piglia in contropiede e solitamente è quasi l'unico modo per riuscire a vederlo parlare tutto infervorato e illuminato, a volte può perfino risultare orgoglioso e supponente salvo poi chiudersi a riccio se gli viene fatto notare.

Può risultare alquanto permaloso, in realtà si chiude ritenendo di essere stato male interpretato, tacciato di sentirsi 'grande' proprio lui che in realtà pensa di essere sbagliato, in vita per errore, non voluto dalla nascita.

In realtà è un genio incompreso, un alchimista, un fumettista noir, uno scultore, un creatore di software, un inventore, un pittore, un pianista solitario, un medico ricercatore.

Come già detto non ama il lavoro di gruppo, ha bisogno dei suoi tempi e dei suoi spazi. Guadagna bene quando si dedica a lavori su commissione che abbiano una scadenza ma che nello stesso tempo gli consentano di gestirsi in completa autonomia. Può capitare che non riesca a guadagnare mai abbastanza o che non riesca a mantenere i guadagni raggiunti perché non reputa importante il danaro. La sua ambizione è e deve essere, il lavoro autonomo: aprire un'azienda come individuo senza entrare in società con nessuno per poter seguire in tutto e per tutto le sue ispirazioni.

Da studente troverà un modo tutto suo e particolare di studiare, cercherà schemi per proprio conto per studiare e cercherà conferme alla spiegazione sentita, perché pensa sempre che ci sia dell'altro, qualcosa in più che gli sfugge. Ha bisogno di più conferme o semplicemente non gli interessa prendere le parole come oro colato, ne deve fare personale esperienza. È la classica persona che deve sbatterci la testa, toccare il fondo, costi quel che costi.

Quando è al centro dell'attenzione non riesce a gestire la situazione e rimane come impacciato, imbambolato, crede di non essere compreso scambiando l'essere compreso con l'essere amato quando invece 'amare' significa accettare l'altro anche quando non se ne condivide appieno il pensiero o le modalità.

Fisicamente:

Rifiutare significa 'non volere', questo rifiuto è rivolto prima di tutto a se stesso, non ama il contatto fisico e ha un cattivo rapporto con il cibo. Spesso a soffrire è il primo chakra, depositario della sensazione dell'esistere e tutta la sfera che con questo centro è connessa, compresi gli organi sessuali e ciò che ha a che fare con l'elemento 'fuoco'.
È interessato anche il secondo chakra, come centro del valore e del nutrimento, come anche del poter creare e attirare abbondanza.
Coinvolto anche il quinto chakra o centro della comunicazione, chi soffre per questa ferita fa un'enorme fatica nel comunicare agli altri 'chi è' e 'cosa prova', specialmente in un conflitto tende a lasciar perdere -"Non mi importa nulla" - "Tanto alla fine cosa t'importa di me" o "Non t'interessa nulla del mio parere, perciò cosa me lo chiedi a fare?" - "Meglio che me ne vada."

Il corpo appartiene ad una persona che vuole occupare poco spazio, esattamente come la maschera che indossa: fuggitivo, sfuggente. Tende a scomparire, sarà molto magro, etereo come se non fosse del tutto incarnato su questa terra; ha spesso difetti di vista in quanto 'rifiuta' di vedere la realtà per paura di scorgere il riflesso del proprio non diritto ad esistere.
A volte si ha l'impressione di vedere un adulto nel corpo di un bambino.
Ama alimentarsi in piccole dosi o non alimentarsi affatto quando il conflitto con la madre è molto esasperato. E' la tipologia di persona più predisposta all'anoressia: è il suo modo per scomparire e tagliare i ponti con chi ritiene essere la causa del suo malessere. Quando mangia bulimicamente è perché vuole fuggire tramite il cibo ma di solito non ingrassa

e mangia fino alla nausea, fino a procurarsi il vomito. La paura più grande è quella di sentire la sensazione di panico, quando arriva questa paura è incline ad ingurgitare cibo dolce, pensando di aumentare l'energia della quale si sente svuotato.

Anche in chi ha più ferite attive è possibile scorgere la spia di quella da rifiuto in alcune parti del corpo: caviglie sottili, una parte del corpo asimmetrica, mento sfuggente, occhi piccoli e sfuggenti anch'essi, segnati, spesso, come da una maschera.

Disarmonie:

I malesseri di cui soffre 'il fuggitivo' saranno quelli che più si confanno a questa tipologia di persona.

Problemi vari alla vista fin da piccolo, possono essere tipici.

Rifiutando se stesso rifiuta anche il nutrimento, potrebbe soffrire quindi di varie intolleranze ed espellere il cibo ancor prima di averlo assimilato a sufficienza tramite frequenti e fastidiose scariche diarroiche.

Potrebbe sviluppare anche problemi alla tiroide in quanto la difficoltà a comunicare va a ledere gli organi che sono governati dal quinto chakra: tiroide, gola, orecchie, lingua, bronchi.

Può soffrire di crisi di panico, il panico infatti è una delle sue più grandi paure, e sviluppare problemi alle vie respiratorie: asma anche allergica poiché rifiutando la vita rifiutano anche quello che per primo la alimenta: il respiro.

Problemi di aritmia quando vogliono sfuggire ad una situazione dolorosa inevitabile.

Potrebbero sviluppare gravi disagi fino a sviluppare una malattia senza speranza, quando vogliono fuggire da se stessi non potendo ammettere di provare astio verso il genitore dello stesso sesso, o del proprio partner-genitore-sostituto. L'impossibilità di ritenerlo responsabile, il non permettersi di provare rancore verso questa figura, farà in modo che la persona si ritenga così colpevole del fatto di essere un errore da non trovare altra via di fuga se non l'autodistruzione. Questo può avvenire quando la ferita è molto profonda e dolorosa e attiva.

Alimentandosi in maniera conflittuale si concede piccole porzioni e spesso ha quella sensazione di 'chiusura di stomaco' per cui è impossibilitato a nutrirsi.
È come già detto la personalità più predisposta all'anoressia poiché questo è l'unico modo che ha trovato per sfuggire al controllo materno esplicitato dal nutrimento.
Emotivamente può sviluppare forme di agorafobia che possono iniziare con svenimenti e capogiri per fuggire da una realtà dolorosa vissuta nel mondo esterno, fino alle convulsioni o al vero e proprio coma.

METODO MeG:

Il metodo MeG si propone di armonizzare e trasformare oltre il corpo fisico e animico, servendosi dell'auto-osservazione e della scrittura, anche i corpi di luce attraverso l'uso delle essenze, dei cristalli e delle affermazioni consapevoli. Tutto questo perché sono profondamente convinta che ad essere ferita non sia solo la parte emozionale ma credo che anche i corpi di luce, che si espandono fuori dal nostro corpo fisico, siano profondamente interessati poiché la ferita va a colpire in maniera importante anche i centri energetici o chakra.
Attraverso questo riequilibrio, questa armonizzazione vibratoria, è possibile la completa riattivazione delle proprie risorse fino a far emergere i talenti intrinseci dell'essere.

Risolvendo la ferita da rifiuto si avranno naturalmente risoluzioni in vari ambiti della vita che ora risultano cristallizzati a causa di modalità ricorrenti.

La chiusura può diventare accoglienza e l'accoglienza maggiore capacità di scambio con successiva apertura in ogni ambito della propria realtà. Risulterà a questo punto possibile scegliere la comunicazione al posto della 'fuga'. Il dialogo diverrà aperto e fluido anche durante un confronto ostico poiché lo si riconoscerà come opportunità di miglioramento e non come una sfida sulla ragione ultima. La riscoperta del nutrimento come piacere, il gusto della buona tavola sarà ora gratificante e non un retaggio da espletare forzatamente. A poco a poco si farà strada la consapevolezza di non essere un errore, di non essere sbagliati e di avere scelto un percorso di vita per risolvere questo tipo di ferita. Tutto questo si trasformerà in accettazione divenendo infine Amore di sé.

Come risultato si otterrà una maggiore perseveranza nel portare a termine i propri obiettivi ritenendoli importanti e non un 'nulla' a prescindere. Saremo più pronti ad affrontare un esame. Si risveglierà la voglia di condivisione, l'allegria diverrà reale e non pura ironia ma sopratutto si smetterà di accusare gli altri di non aver voglia di stare con noi; cominciando a riconoscere nei comportamenti altrui una finalità oggettiva e non un'accusa o un qualcosa da prendere necessariamente sul personale.

Esempio:
Lei al ristorante con Lui.
Parlando lui le dice che la sera dopo uscirà con i suoi amici.
Lei, che percepisce il mondo attraverso il filtro della ferita da rifiuto, pensa immediatamente che lui si stia annoiando e che non veda l'ora che sia l'indomani per stare insieme agli amici. Secondo la sua percezione lui gli ha chiaramente fatto capire che il giorno dopo non desidera stare con lei e che quasi sicuramente anche in quel momento rimane forzatamente.

Ma.... non è vero! È solamente la sua percezione filtrata che non lascia spazio ad altre interpretazioni.

Analizzando: Lui le ha solo dato una comunicazione, è altresì possibile che l'abbia fatto con amore, per dirle "Non preoccuparti se domani sera non ci sarò". Oppure era una semplice comunicazione oggettiva. Purtroppo lei ha percepito il rifiuto e... mette il muso. Si chiude a riccio e alla domanda di lui "Che cosa succede?" solo curioso di sapere come mai lei abbia improvvisamente cambiato umore, risponde contrariata: "Niente! Non ho fatto niente, perché?" - e inizia il conflitto.

Sarebbe bastato comunicare! Condividere il dubbio, magari anche in modalità ironica: "Caro, non è forse che ti stai stancando della mia presenza?" - lui avrebbe potuto rispondere - "Certo che no! Ma come ti viene in mente, anzi dopodomani ho già pensato di portarti al..." ecc. ecc.

Solo un esempio per spiegare quanto questo tipo di automatismo sia debilitante e assolutamente bloccante.

Chi soffre di questa ferita si sarà sicuramente riconosciuto e sa quanto sia difficile in quel momento prendere la situazione in maniera diversa ma, soprattutto, si renderà conto di quanto questa modalità, come una profezia autoavverante, procuri proprio la sofferenza dalla quale si sarebbe voluti fuggire. A lungo andare, questo comportamento porterà ad esasperare l'altra persona che si stancherà confermando quello che si è sempre pensato: "Nessuno mi vuole!"

Cosa fare?
Metodo MeG
o delle 5 settimane.

Prima settimana:
Ora parlerò direttamente con te, anima coraggiosa.
Ho sperimentato per prima questo percorso ed è per questo
che vorrei mettermi accanto a te. Parlarti, non come un inse-
gnante ma piuttosto come un sostegno, perché nei momenti
di difficoltà io possa ricordarti di NON MOLLARE! Perché
conosco anche la trasformazione finale e desidero ardentemente che tu possa arrivare a sentire questa libertà.
Ti sorrido. Forza! Cominciamo.

La prima cosa da fare è procurarti un quaderno per annotare
le frasi che contengono le parole chiave che ti ritrovi ad
usare più spesso durante la tua giornata. Nel caso di ferita da
Rifiuto, saranno del tipo:
"Niente. Nulla. Zero. Vado via. Nullità. Non è importante.
Non fa nulla. Tanto nessuno mi vuole. Tanto lo sapevo già" e
altre sulla falsa riga di queste.
Riconosco che è impegnativo, che non sempre si ha il tempo
di prendere in mano il quaderno e scrivere ma ti chiedo di
farlo più spesso che puoi. Quando proprio non ti sarà possibile cerca di memorizzare.
A fine giornata il compito sarà di prendere il quaderno e
riscrivere le frasi ribaltando il significato, tipo:
Tutto - Cento - Ora rimango qui e mi spieghi - È molto importante per me - Non è vero che non fa nulla - Io ci tengo moltissimo - Se nessuno mi ha ancora detto 'ti amo' me lo dico io
- Io sono importante -
scrivendole a lato delle frasi-rifiuto.
Questo esercizio è fondamentale e va eseguito per sette
giorni.

L'importanza delle essenze:

Ora ti consiglierò il secondo strumento di questo metodo. Durante i primi sette giorni, quando ti accorgerai di usare le caratterisiche frasi o parole, ti chiedo di porre attenzione alle varie parti del corpo dove potresti provare sensazioni o stati particolari, quali:
oppressione al petto, chiusura della gola, dolore alle articolazioni delle anche, dolore alle vertebre lombari, problemi alle caviglie (sembra che cedano), problemi ai piedi, localizzazione di prurito sulla pelle e, se hai punti affetti da psoriasi, nota se si attivano.
È importante localizzare questi posti perché sono quelli esatti che ci indicano dove il corpo di luce è talmente trafitto, praticamente bucato, che il dolore è arrivato ad interessare il corpo fisico.
È necessario scoprirli in quanto è proprio lì che andremo ad usare la vibrazione di guarigione delle essenze.
Per capire come questo succeda dirò che la vibrazione delle essenze è in grado di armonizzare l'energia, 'cicatrizzando' il corpo di luce e ripristinando la trama del suo tessuto.

Le essenze per la ferita da rifiuto:

Benzoino: Armonizza in modo totale il chakra della base che è la sede dell'IO ESISTO'. Aiuta a radicarsi regalando la sensazione che la nostra vita ha un valore immenso. Usalo quando senti il bisogno di rinforzare la forza fisica e l'energia. Quando ti pervade quella sensazione di astio verso l'esterno, quando anche i rumori ti infastidiscono, se ti sei riconosciuto in 'ferita da rifiuto', o stai cercando comunque di trasformarla perché credi faccia parte del tuo essere, puoi trovare conforto e calma, nell'azione rasserenante e allo stesso tempo energizzante del benzoino.

<u>Eucalipto:</u> Utilizzalo allo stesso modo a livello spirituale, per ripulire ogni luogo in cui siano avvenuti conflitti, litigi o discussioni o persino scontri fisici; oppure in qualsiasi posto in cui siano presenti energie negative.
Questa essenza migliora la comunicazione.

<u>Sandalo:</u> Quando la ferita da rifiuto è talmente dolorosa da non sentire la connessione con il Divino, il sandalo può esserti utile in quanto una delle sue virtù principali risiede nel collegare il chakra di base con quello della Corona (il primo e il settimo) ristabilendo la comunicazione con la Fonte.

<u>Lavanda:</u> La lavanda è utile per tutte e cinque le ferite. E' un'essenza che piace moltissimo ai bambini e ha forti proprietà cicatrizzanti: apporta sollievo in caso di tagli, ferite, piaghe, punture d'insetti ed eritemi. Ideale per il corpo fisico ma anche per le ferite dell'anima o dei corpi di luce.

<u>Ylang-Ylang:</u> Quest'olio essenziale importantissimo per la ferita da rifiuto, crea armonia in caso di contrasti, collera, rancore ma soprattutto frustrazione perché favorisce la comprensione e il perdono, dissolve le delusioni e le offese e ripristina il desiderio di amare, anche fisicamente.

<u>Come usare le essenze:</u>
Acquista una bottiglietta da 10 ml con il contagocce, (puoi richiederla tranquillamente in farmacia) poi un olio il più possibile neutro, può essere usato l'olio di Argan, l'olio di mandorle dolci o l'olio di jojoba (io in particolare prediligo quest'ultimo).

Riempi con l'olio la bottiglietta e aggiungi le essenze che ritieni siano più in armonia con il tuo essere tra quelle elencate.
Un accorgimento:
l'essenza che non dovrebbe mai mancare nella miscela per la ferita da rifiuto è l'Ylang-Ylang alla quale puoi aggiungere fino ad altre due essenze.
Questa è la parte 'profumata', rilassante, è una coccola a prescindere e credo che ti piacerà farla diventare parte integrante del percorso.

Esempio di miscela tipica:
Olio di Jojoba come base
Ylan-Ylang 2 gocce
Sandalo 1 goccia
Benzoino 1 goccia
(oppure una goccia di
lavanda, o una di Eucalipto)

<u>Come e dove si usano:</u>
Ora, hai già certamente localizzato alcuni punti dove il corpo di luce è trafitto, sono esattamente quelli dove avrai percepito una sensazione particolare o dolorosa. Ecco, lì andrai ad usare le essenze.
Metti due gocce di olio sulla punta delle dita, e applica massaggiando in **senso antiorario!**
Il senso antiorario ripristina la memoria originale del corpo di luce lenendo la ferita e ricostruendo la trama energetica. La sensazione di sollievo è quasi immediata.

<u>Quando si devono usare:</u>
Per tutta la durata del ciclo di 5 settimane che riguarda la trasformazione di una precisa ferita.
Al mattino, al pomeriggio e alla sera, si passano le gocce sui

punti.

Puoi usare le essenze anche ogni volta che senti 'quel' particolare fastidio.

Mentre passi gli oli al mattino e alla sera ti chiedo di ripetere le affermazioni positive della ferita che intendi trasformare.

Questa è l'affermazione per la ferita da rifiuto:
"Trasformo la percezione del rifiuto in accettazione e amore infinito. Riconosco il mio diritto ad esistere con gioia. Mi amo e mi accetto esattamente così come sono e posso comunicarlo al mondo attraverso la felicità che sento"

N.B: Può essere che le prime volte tu possa sentire come una stonatura nel portare a compimento questa procedura ma il profumo delle essenze e la sensazione di leggerezza che consegue il pronunciare ogni volta l'affermazione, ti renderà consapevole che qualcosa sta funzionando, cambiando, trasformando e quel 'qualcosa' sei tu.

Sorridi mentre lo fai perché ti stai permettendo di amarti.

Ora ti parlerò di un altro strumento di questo metodo.

IL POTERE DI GUARIGIONE DEI CRISTALLI:

Per chi studia la materia a livello quantistico non sarà una novità che le vibrazioni e la luce possano influenzare altra materia formata da luce ed energia e non sarà quindi astruso, come invece potrebbe apparire a un non addetto ai lavori, concepire che le vibrazioni di un cristallo, come la rifrazione della sua luce, possano apportare cambiamenti anche all'interno del nostro corpo; essendo noi composti con gli stessi materiali di quelle pietre: sali, minerali e silicio (il silicio è parte integrante di tutti i tessuti animali così come dei cristalli).

Inoltre se ci consideriamo come software sofisticatissimi non potremo fare a meno di rilevare l'analogia del silicio e del quarzo necessario per i circuiti digitali integrati.

La cristalloterapia risulta quindi essere un metodo evolutivo efficace con il quale permettiamo alle pietre dure e ai cristalli di influenzare la nostra aura rimuovendo blocchi energetici, fino ad arrivare anche più in profondità per portare informazioni. Ogni cristallo, infatti, possiede al suo interno una particolare informazione, come fosse un dischetto con un particolare programma.

Solo che, a diversità del dischetto che ripete pedissequamente lo stesso leit-motiv, il cristallo diventa interattivo. In che modo? Quando il DNA ha recepito il messaggio, la sua vibrazione evolve ad un'ottava superiore diventando ulteriore conoscenza.

Per riequilibrare le ferite useremo quindi anche il potere di guarigione dei cristalli, veri e propri maestri che veicolano precise istruzioni energetiche. All'interno del corpo, entrando in risonanza, arrivano fin dentro la nostra matrice energizzandola, portando un insegnamento nuovo, o semplicemente riportando un talento che giaceva lì inutilizzato, cristallizzato appunto.

I cristalli che puoi usare per la ferita da rifiuto:

Questo ulteriore strumento al pari degli altri ma in una diversa prospettiva, ti aiuterà ad innalzare ancora di più la tua vibrazione.

<u>Quarzo rosa:</u> Permette l'amore incondizionato nei confronti di se stessi trasformando lo schema inconscio che dice 'Io sono sbagliato' e per il quale si cerca costantemente la conferma dagli altri al proprio valore. A questo 'altro' si chiede la fiducia e la tenerezza che non riusciamo a trovare in noi stessi; si chiede inconsciamente a lui/lei di lenire le sofferenze che ci sono state inferte e di riempire i nostri vuoti interiori.

Il messaggio e la vibrazione del quarzo rosa porta a comprendere che questo lavoro di guarigione possiamo farlo solo noi, che non possiamo darne la responsabilità a nessuno come anche che nessuno può delegare a noi la propria felicità.

<u>Prehnite:</u> A livello dell'anima questo silicato verde pallido spinge fortemente a cessare di rimuovere mentalmente o di rifiutare le difficoltà, ma specialmente ad usare la fuga come via risolutiva; stimola infatti la creazione di nuovi modelli comportamentali. Aiuta ad accettare le verità spiacevoli che la vita ci ha riservato spingendo a tirare fuori tutta la forza necessaria per uscire da qualsiasi situazione disperata di dipendenza (dipendenze da droga, alcool, cibo, gioco compulsivo, shopping compulsivo, ecc.)

N.B: trova un negozio di minerali che ti garantisca che questi cristalli o pietre siano di origine naturale e non costruiti sinteticamente.

Questo è molto importante per ottenere l'effetto desiderato.
Ci sono anche dei siti su internet che offrono una buona qualità ad un buon prezzo.
Potete acquistare il cristallo grezzo o il tipo 'burattato', si acquistano ad un prezzo anche molto contenuto.

Come si usano:
Per 7 minuti e per 3 volte al giorno, tieni il quarzo rosa nella mano sinistra e la prehnite nella mano destra.
Puoi semplicemente tenerli, anche se stai guardando il tuo programma preferito alla tv, anche se stai parlando. La cosa importante è mantenere le pietre nella mano, per permettere al loro messaggio di penetrare profondamente.
Puoi portarle con te ovunque, dentro un sacchettino, meglio se color verde o color oro, e usarle quando più ti piace o quando semplicemente ne sentirai il bisogno. Dopo un forte stress, ad esempio, le puoi utilizzare tenendole nel palmo della mano mentre ripeti mentalmente la frase dell'affermazione per la ferita.

N.B: Le essenze e le pietre andranno usate per tutto il periodo di 35 giorni.

Al termine della prima settimana:
Avrai via via scritto sul quaderno le frasi che più ti sono risuonate e che ti riportano al perpetrare la ferita e, ogni sera, dovresti averle cambiate nel loro opposto.
A questo punto e già dopo questo breve periodo, attraverso l'uso delle essenze e dei cristalli, potresti aver già notato un cambiamento emozionale, sentire più leggerezza, più energia, maggiore lucidità, potresti aver sperimentato un senso di centratura o 'presenza' e sentirti abbastanza forte e con lo stimolo giusto per continuare il percorso.

Se hai provato qualcuna o tutte queste sensazioni non avrai dubbi sul proseguire; tuttavia se ancora non fossero giunte non ti preoccupare, arriveranno tutte insieme e sarà ancora più liberatorio.
Andiamo.

Seconda settimana:

Eccoci alla seconda settimana. Ora, presumibilmente la sera o in un altro momento a te propizio, prendi il tempo per scrivere sul quaderno tutto ciò che la parola 'RIFIUTO' suscita nel tuo essere, puoi aiutarti pensando anche ai cinque sensi, tipo: Se fosse un sapore sarebbe, e se fosse un colore, o un suono? Se potessi toccarlo cosa sentiresti? E' ruvido, è viscido è sfuggente? Cosa sentiresti sotto le tue dita? E se infine fosse un odore? Ecco, lascia che ti giunga alla mente tutto ciò che la parola 'rifiuto' suscita dentro di te e scrivilo. Porta il quaderno sempre dietro e usalo ogni qual volta tu lo ritenga necessario.
Ti chiedo per questo lavoro, di non entrare nel personale.
Non: "Il rifiuto è quando mi sento... ecc. ecc."
Ma: "Il rifiuto è qualcosa che, un sentimento che, un suono che..."
Il racconto deve risultare impersonale. Non deve parlare della tua realtà nel quotidiano ma di ciò che tu credi che sia quell'elemento.
Ricordati che stai lavorando negli strati profondi del tuo essere e questa è la modalità che potrà trasformare profondamente, durevolmente e in meglio, tutta la tua esistenza perciò non sottovalutare questa ricerca all'interno di te.

P.S.: Ricorda di continuare a usare le essenze e i cristalli e l'affermazione.

Terza settimana:

Olà, eccoci! Siamo arrivati alla terza settimana, benissimo!
Come ti senti? In qualsiasi modo tu ti senta, sappi che siamo
in piena trasformazione. Non soffermarti su nessuna sensa-
zione come se fosse 'per sempre', è tutto rimodellabile.
Siamo in piena energia di rinnovamento ed è tutto perfetto!
Prova a sorridere di più e ti accorgerai di quante persone
abbiano aspettato fino ad ora che tu lo facessi.
Sorridi ora e... questo non c'entra con il Metodo MeG ma fa
benissimo allo spirito. Prova.
Com'è stato?
Qualsiasi cosa tu abbia provato va bene.
Andiamo avanti, vuoi?
Sorridiamo insieme.

Allentare un po' l'atmosfera può servire prima di iniziare
questa settimana perché ora comincia il lavoro consapevole,
quello che forse sarà più duro e potrebbe anche farti abban-
donare il percorso intrapreso verso la risoluzione.
Stai all'erta! L'Ego fa benissimo il suo lavoro di difesa, l'ha
sempre fatto! Tieni a mente che lui NON VUOLE che tu ti
avvicini a 'quel' punto specifico, per tutto questo tempo te
ne ha tenuto lontano perché crede che se tu arriverai a sentire quella particolare sofferenza, soccomberai al dolore. MA
QUESTO NON E' REALE!
Non è così! Tu ora sei in evoluzione e non hai più bisogno di
quella modalità di difesa, anzi, proprio quella è diventata una
delle sbarre di una specie di prigione autocostruita, un bun-
ker di difesa personale dal quale guardare il mondo da una
feritoia. Quel muro che non ti permette di comunicare serenamente se non come hai fatto fino ad ora e con le soluzioni
che hai sperimentato fino a questo momento e che, se stai

leggendo questo manuale, probabilmente non sono fonte di felicità per te.

Lo capisco, a volte è impegnativo da accettare ma... rimani qui perché arriverà anche la parte di leggerezza, te lo prometto!

Andiamo avanti insieme.

RICORDATI QUESTO:
Se l'ego avesse avuto la soluzione tu ora non avresti alcun problema!

Se l'ego nel suo database avesse registrato il modo di risolvere quel dato problema, ne avrebbe già usufruito risolvendolo, ti avrebbe già fornito gli strumenti adatti e ora saresti una persona più felice. Perché non lo sei?! Perché nel tuo ego-computer la soluzione non c'è, o per lo meno l'unica che ha trovato è quella che ha agito fino ad ora.

'E quindi?' Dirai. E quindi tu stai già mettendo in atto da due settimane un metodo che permetterà la creazione di nuovi circuiti, la formazione di una nuova consapevolezza che metterà informazioni nuove dentro il tuo software, in modo tale che sarà semplice articolare poi nuove e potenzianti e gioiose risoluzioni. Emergeranno anche i tuoi talenti. Perciò non mollare! Perché anche se lo fai, prima o poi dovrai ripassare da questa strada, prima o poi dovrai reimpastarti... e allora perché non ora, intanto che sei nel cambiamento. Forza! Io non ti mollo.

Terza settimana dicevamo:

In questa settimana dovrai scrivere sul quaderno
"Tutte le volte che mi sono sentito/a rifiutato/a, da quando sono nato/a fino ad ora"

Porta con te il tuo ormai fido e amico quaderno e quando ti torna alla mente uno di quei momenti annotalo il più presto possibile.
N.B: Questa settimana se è possibile, non aspettare!

Lo so che potresti essere al lavoro ma è importante che tu prenda anche un solo appunto che ti permetterà in seguito di ricordarti l'evento e trascriverlo.
Ricorda che abbiamo messo in atto una rivoluzione interiore: fai finta di osservare un impastatrice dall'alto; in questa pasta che si muove sono immersi dei pezzi diversi: puoi immaginare dei sassi dentro al cemento mentre viene impastato nella betoniera. Questi sassi possono essere visibili per qualche attimo ma poi vengono sommersi un'altra volta dal movimento della macchina, non sappiamo quando riemergeranno e nemmeno 'se' riemergeranno. Per questo è così importante annotare subito il ricordo, ogni nostro spiraglio nel passato e come uno di quei sassolini, quando lo vedi potresti pensare: 'Ma sì, è una cosa talmente particolare, e poi è successa a me, non me ne dimenticherò. La scrivo appena ho tempo'
Può essere che tu ci riesca ma la mia esperienza suggerisce che, in quel momento ti senti l'assoluta certezza che ricorderai ma quando avrai il tempo per scrivere c'è la grande probabilità di ritrovarti con gli occhi stretti a pensare... e ripensare... qualcosa che potresti non riuscire più ad afferrare.
Perciò può servire anche una piccola annotazione, una rete gettata sul sassolino per poi, al momento giusto, ritirarlo su dal profondo.

Per sei giorni cerca di fare questo lavoro certosino dentro di te. All'inizio potrebbe essere impegnativo cercare di ricordare, ti sembrerà che non ci sia nulla ma... piano piano un ricordo prenderà consistenza e poi un altro e un altro ancora e tutto sarà più semplice a mano a mano che passa questo tempo.

Arrivato al settimo giorno ti chiedo di fare un altro sforzo (potresti essere tentato di pensare che questo percorso sia faticoso ma... ti prometto che sarà valsa la pena ogni più piccolo sforzo che avrai fatto).

Giunti a questo punto, ti chiedo di rileggere quello che hai scritto come se tu fossi la persona che accusi di averti fatto sentire il rifiuto, la persona che pensi ti abbia ferito. Ti chiedo di 'entrare' dentro di lei fino a guardarti con i suoi occhi. Ecco.

Ora:

Puoi affermare davvero la certezza che la sua intenzione fosse quella? Pensaci un po' su. Stai lì e prendi coscienza di questa persona.

Voleva proprio rifiutarti... o quella è solo la percezione che ne hai avuto?

Domandati questo per ogni evento che hai descritto, non risponderti subito, prima ascoltati dentro.

Emergeranno varie emozioni, falle uscire! Pianto, rabbia, frustrazione... qualsiasi emozione sia falla uscire senza giudizio. Puoi fare finta che io sia lì con te: parlami, raccontami... non tenere dentro nulla di ciò che emerge. Fosse anche prendere l'auto e parlare con se stessi. Andare in un parco e affidare le emozioni alla Terra.

Aiutati con le essenze, con le tue pietre e ripeti l'affermazione fino a quando non sentirai sciogliersi quel nodo nel petto.

Libera le memorie!

Lo so... è impegnativo, ma se sei qui significa che hai la stoffa di chi sa lottare sul serio! Ed è quello che stai facendo: stai lottando per la tua risoluzione, per poter avere gli strumenti che ti aiuteranno ad evolvere nella gioia e per far emergere la Luce!

Forza. Sappi che il tuo Sé superiore ti assiste. Chiedi aiuto alle guide, agli spiriti angelici che ti sono stati affidati fin dalla tua nascita in questa terza dimensione oppure, se non credi in questo, prendi a pugni il cuscino! Qualsiasi modo (che sia lecito mi raccomando), possa esserti di aiuto usalo, l'importante è che tu possa vivere quelle emozioni fino in fondo.

Sarà importante, sarà doloroso, sarà magnifico! Perché alla fine di tutto questo ti sentirai 'fuori da quella caverna' e potrai iniziare a comunicare con fiducia la tua unicità.

Sentirai finalmente e profondamente che non c'è nessun errore in te!

Tu sei un essere unico e irripetibile e importante!

Come diceva Madre Teresa: Il mare senza una goccia non è più lo stesso mare.

E io ti dico che il 'Tutto' senza di te non può più definirsi tale!

Perciò se tu fossi anche una sola goccia... vali tutto il mare intero!

Non c'è errore!

Quarta settimana:
Complimenti a te che sei qui! Chapeau! Hai proprio deciso di trasformarti ma... voglio fare i complimenti anche a te, che magari sei qui dopo aver effettuato una... 'pausa ricreativa'.

Quindi lode a chi ha proseguito e lode a chi è ritornato.

L'ultimo passaggio non è stato facile, lo so per esperienza personale.

Perciò proseguiamo, ora credo che sarà più semplice.

Memorandum:
Stai usando le essenze tutti i giorni?
E i cristalli?

E le affermazioni?
(Per te che hai fatto la ricreazione di cui sopra: vai a rispolverare i tuoi strumenti e riprendili come esercizio quotidiano, non è cambiato nulla. Il tempo è relativo)
Andiamo avanti allora. Sistemati bene e... ripartiamo.

Quarta settimana dicevamo:

In questa settimana riprendi a scrivere sul tuo quaderno, questa volta il titolo sarà;
"Tutte le volte che: Io ho inflitto la ferita del rifiuto a me stesso e agli altri"
Eh già! Perché è proprio così che succede: l'esempio di comportamento che abbiamo avuto lo abbiamo agito anche su altre persone, inconsapevolmente certo, senza rendercene conto, ok! Ma lo abbiamo fatto. E... udite udite! Prima di tutto proprio nei nostri confronti.
Quando ti sei rifiutato/a? Tutte le volte che non ti sei amato/a abbastanza, tutte le volte che hai pensato che 'non importavi a nessuno' e non hai comunicato l'amore per te.
Ecco. Questo potrebbe essere un esempio, ma tu saprai meglio di me trovare quegli eventi nella tua esistenza.
Perciò iniziamo questa quarta settimana. Sei a più della metà del percorso.
Per la modalità di scrittura vale quella che ho descritto per la terza settimana, ricordi? (Quando non puoi scrivere cerca di annotare anche solo un accenno... i sassolini... la betoniera... etc.. etc... Ricordati di sorridere, e se ancora non lo hai fatto, fallo ora. Ecco.)

Giunto il settimo giorno, rileggi tutto ciò che hai scritto. Comprendi com'è facile entrare dentro questo meccanismo e come i tuoi genitori, che non hanno avuto la fortuna che abbiamo noi in questo momento storico, di avere gli strumenti adatti, non abbiamo fatto altro che riperpetrare quello che è stato insegnato loro. **Tu, qui e ora, stai spezzando questa catena che lega genitori e figli da chissà quante generazioni. Ancora complimenti!**

<u>**Quinta settimana:**</u>

Eccoci qui!
Sei pronto per la risoluzione?
Bene, perché anche questa settimana in alcuni momenti potrebbe essere una bella sfida. Gran parte del percorso è stato fatto ma quest'ultimo lavoro per qualcuno potrebbe risultare repulsivo... per usare una parola semplice.
Il motivo?
Eh! Te lo spiego subito: perché si parla del perdono e perché la concezione del perdono è stata deviata, trasformata e riassemblata in qualche cosa che non trova più la strada diretta verso il cielo, verso il cuore.
Si crede che il perdono sia semplice 'buonismo' o perdere una parte di sé stessi quando invece è difendere se stessi. Nel caso delle ferite poi è palese: seguimi.
Intanto desidero aiutarti dicendoti che questa è l'ultima strenua difesa, l'ultima barriera, che l'Ego adopera per non farti avvicinare alla ferita. Sulla porta d'ingresso c'è scritto:
"Tu mi hai fatto questo. Lo hai fatto e io non lo so se ho voglia di perdonarti"
Ebbene se tu non perdoni la mamma o il papa' che si sono comportati in un determinato modo, poi, come farai a perdonare te per lo stesso tipo di comportamento?!
Ora sarò un po' forte, non sarò molto 'generosa' e morbida perché ritengo necessario mettere pochi fronzoli a quello che sto per dirti. Avrei voluto usare l'impersonale ma... preferisco parlarti direttamente come ho fatto fino ad ora. Abbi

pazienza e apri più che puoi la tua mente spazzando per quanto possibile ogni preconcetto così da cogliere il significato profondo di quello che seguirà.

Vieni.

Si tratta di comprendere, oltre al fatto che il comportamento è reiterato nelle generazioni, che già alla nascita eri qui appositamente per guarire quella determinata ferita dell'anima e che eri d'accordo con altre anime per nascere in quel dato momento, da quel determinato genitore, per portare avanti proprio quella particolare dinamica arrivando poi fino alla guarigione. Si tratta di capire che spezzerai la catena solo e soltanto quando sentirai che l'anima di quel genitore si è accollata il karma negativo per permetterti di arrivare alla risoluzione.

Ti risuona? Ti è reale?

Comprendo che nella tua vita come nella vita di altre persone ci possano essere o essere state, sofferenze indicibili: abbandoni, tradimenti, ingiustizie, umiliazioni... e che la sofferenza è stata enorme quando sono stati gli stessi genitori a farcela sentire, lungi da me sminuire questo; quello che sono qui a dirti oggi è che: la tua sofferenza ha un valore! Non è stata inutile e arbitraria, ma cercata per evolvere e fare di te la persona che sei.

Questo è un momento cruciale, capire che non ci sono colpe. Non c'è fallimento ma solo esperienza, collaborazione, unione e amore.

Ora hai compreso?

Prenditi tutto il tempo che ti serve per realizzare quest'assunto.

Poi, quando sarai pronto, iniziamo.

Questa settimana la dedicherai al perdono per eliminare i debiti karmici della ferita e perché la guarigione delle anime sia totale e non reiter-attiva. Farai questo sapendo che ne beneficeranno anche le generazioni future, direttamente tue e della tua parentela.

Per la ferita da rifiuto andremo a scrivere una lunga lettera di giustificazione e perdono al genitore dello stesso sesso: la madre se si è donna, il padre se si è uomo.

Ci possono essere delle anomalie solo e soltanto in quelle famiglie dove è palese che sia la donna a portare i cosiddetti 'pantaloni' e il padre non abbia alcun potere decisionale, ma sono casi rari.

Se pensi di avere vissuto in una di queste particolari famiglie o se non sei sicuro di chi avesse determinate caratteristiche dentro casa, il consiglio è di fare una lettera di giustificazione e perdono per la madre e una per il padre.

Se sei omosessuale scriverai una lettera in base a come tu ti senti realmente, se ti senti donna scriverai alla madre; se ti senti uomo scriverai a tuo padre. Usando la profonda sensibilità che ti è propria sentirai profondamente nella tua vita la libertà di essere ciò che sei.

Non c'è errore! Siamo esseri unici e irripetibili. Scintille divine di un tutto che siamo.

La lettera avrà per titolo:
Se sei femmina:
"Madre trovo per te giustificazione e perdono per la ferita da rifiuto"
oppure, se sei maschio:
"Padre trovo per te giustificazione e perdono per la ferita da rifiuto"

Prenditi tutto il tempo che ti serve durante questa settimana, **ma dovrai scrivere per soli 21 minuti per volta.**

Dopo i primi venti minuti il cervello razionale prende il sopravvento e ti potresti ritrovare a scrivere arzigogoli e distorsioni che poco hanno a che vedere con quello che originariamente era l'intento.

Quindi: timer, 21 minuti. Pronto? Vai!

Per ogni evento trova almeno un motivo di giustificazione con conseguente perdono per ciò che è accaduto.

Se t rimane ancora qualche cosa da scrivere riprendi in un secondo momento.

Timer, altri 21 minuti e così via. Fino alla completa eliminazione degli eventi.

Finito di scrivere la lettera per il genitore inizierai quella per te stesso, titolo:

"Mi perdono e mi giustifico per aver rifiutato. Mi perdono e mi giustifico per il rifiuto inflitto a me stesso"

Questa lettera non è meno importante delle altre poiché se perdoni tutti ma non te, vivrai ancora con la sensazione che gli altri siano bravi e meritevoli e tu no, invalidando quindi tutto il lavoro svolto così faticosamente nelle settimane precedenti.

Perciò se ti sei riconosciuto/a totalmente o anche solo in parte, nella ferita da Rifiuto

QUESTA POTREBBE ESSERE UNA DELLE LETTERE PIU' IMPORTANTI DELLA TUA VITA, IL SIGILLO DELLA TUA AVVENUTA TRASFORMAZIONE.

Il settimo giorno prendi un po' di tempo per te, chiuditi nella tua stanza oppure vai in un bosco, se hai la fortuna di abitare nelle vicinanze, o in riva al fiume.

In breve, trova un posto dove sia possibile stare in solitudine per circa un'ora senza che nessuno possa venire a disturbarti.

Ci siamo. Ora mi metto in disparte per lasciarti la libertà di 'essere' esattamente quello che sei.

Trova un posto dove ti senti a tuo agio, che vibra con te, dirigiti dove il corpo ti porta... quello è il posto giusto. A questo punto inizia a leggere a voce alta le tue lettere di giustificazione. Verbalizzarle è molto molto importante! La voce è una vibrazione che mette in moto un processo di creazione, non per nulla nell'incipit di uno dei testi sacri più conosciuti si legge:

"All'inizio era il verbo. E il verbo era presso Dio. E il verbo era Dio" - Verbo - in latino Logos, Parola. La parola che crea come Dio stesso. Crea fuori ma soprattutto crea dentro: il nostro inconscio la sente e la prende per certa. Ascolta quello che succede, il perdono delle ferite inferte e subite, e questa voce che risuona dentro tutto il tuo mondo: appiana le colline interiori, abbatte i muri della comunicazione bloccata, fa nascere gli alberi della risoluzione e fa sgorgare i fiumi della serenità interiore. Possono allora sbocciare i fiori della gioia mantenendo una promessa antica che una grande anima ci fece: 'Farò sbocciare fiori anche là dove solo un momento prima vi era un arido deserto'.

Ecco... Come ti senti?

Ne è valsa la pena arrivare fino a qui?

Ci sono stati momenti in cui avresti voluto mollare? Se sì, spero di essere stata il sostegno che ho desiderato quando ho preso questo impegno con te.

Ora dovresti aver compreso come agisce ferita da Rifiuto e dovresti aver compreso che la chiave di volta per uscirne quando essa appare dentro di te, è la COMUNICAZIONE, ma, ancor di più

LA COMUNICAZIONE IRONICA.

È davvero importante che l'ironia prenda il posto della 'stizza' perché ferita da rifiuto possa avere una comunicazione armonica e trasformativa.

Ora ti lascio un esercizio che cambia il tuo campo morfologico quantistico, fallo ogni volta che ti sembra di non superare un impasse:

Durata dell'esercizio tre minuti.
Metti un timer ad 1 minuto.

Mano destra:
pollice, indice e medio uniti tramite i polpastrelli. L'anulare al centro della fronte un po' sopra le sopracciglia.
(questo vale per tutti e tre i minuti)

Mano sinistra:
Primo minuto sul primo chakra, distanza 5 centrimetri.
Secondo minuto su tutti i denti.
Terzo minuto sui reni.
Durante il terzo minuto ripeti anche mentalmente la frase sottostante.

"IO POSSO COMUNICARE L'AMORE SORRIDENDO"
"IO POSSO COMUNICARE L'AMORE SORRIDENDO"
"IO POSSO COMUNICARE L'AMORE SORRIDENDO"

Perché tu SEI AMORE!

Ora puoi prenderti una pausa o incominciare con un'altra ferita che riconosci come parte di te, io sarò ancora al tuo fianco nel cammino, felice di poterti nuovamente accompagnare.

FERITA DA ABBANDONO:

E' la seconda ferita inflitta in ordine di tempo e può essere risvegliata dal primo al terzo anno di età, in alcuni casi anche fino al quinto, dal genitore del sesso opposto. Per la bambina il padre. Per il bambino la madre.
Abbandono significa 'lasciare da qualche parte' o anche 'non volersi occupare di qualcosa o di qualcuno'. La differenza con la ferita da rifiuto sta nell'avere piuttosto che nell'essere, in quella la percezione è che il genitore dica: 'ci sono ma non ti voglio' come dire, siccome non sei giusto per me, ti respingo anche rimanendo presente. Al limite sarai tu a decidere di andartene. In questa la percezione è che il genitore faccia qualcosa di concreto: "Non ci sono, non mi occupo, me ne vado e ti lascio da qualche parte, per cui tu non mi hai, non hai nemmeno me che ti respingo (come nella ferita da rifiuto) perché decido di andarmene temporaneamente o anche per sempre: sono io che me ne vado, ti lascio lì, da solo/a"

Come nel caso della ferita da rifiuto, la ferita da abbandono può essere inflitta con la nascita di un fratellino o sorellina, in questo caso però non è il secondo figlio ad essere interessato alla ferita ma il primo, si sentirà abbandonato allorquando vedrà che non è più al centro delle attenzioni della madre, se è un maschio o del padre, se è una femmina. Un altro modo per percepire la ferita è nel caso i genitori lavorino e il bambino debba essere lasciato spesso con i nonni. O ancora, quando il bambino viene portato all'asilo senza l'adeguato inserimento: il genitore lo porta in un luogo e ve lo lascia, non spiega nulla al bambino convinto che tanto non possa capire; a volte adotta la strategia di andarsene senza farsene accorgere, pensando che sia più indolore per il bambino non guardarlo mentre se ne va; in realtà non vi è cosa più deleteria perché quando il piccolo cercherà la figura di riferimento, non trovandola, sarà preso dal panico. In quei momenti ci si sente come sospesi, senza più un posto sicuro o un punto di riferimento verso il quale dirigersi, la sensazione di essere abbandonati è tremenda, non si sa dove andare ne dentro ne fuori di sé. Mentre per il 'fuggitivo' il posto dove dirigersi era dentro se stesso in un mondo fantastico fatto di fate e streghe, mostri e guerrieri, per il 'dipendente', questo il nome della maschera di chi soffre della ferita da abbandono, la direzione non è chiara. Rifiuto si sente un errore ma almeno è consapevole di essere. Abbandono no, è proiettato fuori alla ricerca del suo 'bene' che ora non vede, il pianto è l'unica manifestazione possibile, un richiamo disperato dell'oggetto del suo amore. Poi succede qualcosa, un evento, che richiama fortemente l'attenzione del genitore che se n'era andato: un trauma o una malattia, più spesso succede con quest'ultima. In quel momento il bambino si rende conto di aver trovato una modalità, dove prima disperatamente non aveva appigli, ora ha trovato qualcosa, ha capito che la condizione di malattia è come un richiamo obbligato per la fonte del suo bene. Il genitore accorre e il bimbo sente di nuovo tutto il suo amore e la sua totale attenzione.

Ecco che per l'Ego quella è la soluzione all'abbandono, in quella maniera può richiamare l'amore ogni qual volta avverta il pericolo di essere abbandonato: ammalarsi o provocarsi un dolore. In questo modo, per assicurarsi di non poter più sentire quella sofferenza, l'Ego si adopera per creare la sua seconda maschera 'Il dipendente': se io dipendo da te, tu non puoi andartene. Se tu te ne vai sarai responsabile della mia morte, dice subliminalmente 'il dipendente'. Avremo in tutto e per tutto la personalità della vittima, non sopporta di essere lasciata sola perché la solitudine riporta in superficie la ferita, il rischio è quello di ammalarsi e te lo fa sapere muovendo sul senso di colpa.

E' la madre che richiama i figli con un attacco di cuore che poi misteriosamente si risolve una volta che i figli siano arrivati da lei: improvvisamente le torna il sorriso e la gioia di vivere, è perfino in grado di alzarsi da letto e cucinare gioiosamente per quei bravi figli accorsi al suo capezzale, può anche capitare che in quel momento verbalizzi questa sua condizione con frasi tipo: "Siete voi la mia unica cura!" - sorridendo e non sapendo quanto vere siano quelle parole. E' il bambino al quale cola sempre il naso di modo che la madre debba essere quasi continuamente su di lui.

E' una persona che sprizza gioia da tutti i pori ogni qual volta si trova in compagnia; è amabile, socievole, dolce, con una vocetta infantile e piacevole allo stesso tempo, la sua presenza è molto richiesta, la sua compagnia ricercata ma... non è mai abbastanza... appena viene lasciata da sola, questa personalità piomba nella tristezza più assoluta, come e proprio se le persone andandosene avessero spento un interruttore, le luci delle giostre del Luna Park. Tutto si ferma e lascia posto ad una tristezza debilitante e senza fine; ha inizio allora il lavorio dell'ego per ovviare a questo inconveniente: telefonate alla mamma, alla figlia, all'amica, al compagno, alla compagna, si accende la radio, la televisione, whatsapp, messenger e chi più ne ha più ne metta; di tutto e di più per non sentire quella silenziosa disperazione che la/o travolgerebbe se rimanesse da sola/o e che dice, tra le lacrime: "Sono abbandonata/o da tutti, sono sola/o e non so come fare, e se rimango da sola/o per troppo tempo sicuramente morirò".

Può essere che abbia un medico curante che non ne possa più delle sue continue visite o telefonate perché se Abbandono proprio non trova nessuno è a lui che si rivolge come ultima spiaggia.

Certo: 'Quando sto male e non c'è nessuno, a chi mi posso rivolgere? Al dottore!' - Eh, mi sembra giusto!

In effetti può suscitare ilarità ma per chi soffre di questa ferita non c'è nulla di più serio del non sentirsi:insieme.

Sentirsi soli è davvero deleterio: quando questa personalità era bambina ha notato che ammalandosi richiamava l'amato genitore, una febbre, una malattia esantematica, bastavano a sortire l'effetto desiderato e per sentirsi al centro dell'attenzione e dell'amore ma da adulto questo non può più funzionare, o per lo meno, spesso funziona solo le prime volte, ad esempio:

Lui e lei decidono di vivere insieme; lei in un certo momento, che può coincidere con la fine di una piccola discussione, per esempio, comunica il suo mal di schiena al marito che, inizialmente premuroso le dimostra tutta la sua attenzione e apprensione; lei è al settimo cielo: questo suo preoccuparsi le dimostra che a lui interessa la sua salute, vuole che stia bene, ergo: la ama. Perfetto! Ora può adoperarsi per minimizzare: 'Ma si dai! In fondo che vuoi che sia, solo un comune mal di schiena!' E sorride. Dopo qualche tempo e magari proprio dopo che lui è stato molto occupato, lei le fa sapere che il suo mal di schiena è tornato più forte di prima ma... questa volta non suscitando più l'eclatante reazione della prima volta, lei comincia a pensare che il bene di lui non solo sia visibilmente diminuito ma che, anzi, probabilmente il suo bene lo stia sentendo per un'altra donna e che presto l'abbandonerà. L'Ego comprende che un piccolo dolore non è più sufficiente, è necessario rincarare la dose, quel piccolo malessere non è più in grado di attirare la dovuta attenzione, è quindi necessario qualcosa di più serio. Cominciano le grandi manovre: richieste, pianti, domande, isterismi per motivi inesistenti e guarda un po' il caso, il mal di schiena si trasforma in un blocco in piena regola arrivando infine in una ernia in piena regola. Questo circolo vizioso è pericolosissimo perché potrebbe essere alla base di malattie di varia natura non ultime le malattie autoimmuni degenerative, nelle quali la particolarità è proprio quella dell'autodistruzione e per le quali non se ne conosce la causa. Mali incurabili che mantengono le persone vicine, costrette a rimanere, se non per amore, almeno per etica morale.

Per chi si riconosce in questa ferita la domanda fondamentale dovrebbe essere:

"Vale la pena soffrire tutto il tempo con malattie e dolori vari per riuscire a tenersi vicino una persona che sta con noi solo per pietà o dovere morale?"

Non vale forse la pena di stare bene e scoprire che quella persona è ancora più felice di stare con noi in salute e gioia?

"E se così non fosse... e se mi abbandona?" Se ti abbandona questa è la prova che stava con te per pena, senso di colpa, paura del giudizio altrui. Chiediti se veramente è questo quello che desideri per la tua felicità: una persona che stia con te per senso del dovere.

Alla base di tutto questo c'è che non credi di meritare qualcuno che provi vero amore nei tuoi confronti.

Ferita da abbandono scambia il dovere per amore, quando l'amore invece è dare incondizionatamente e senza aspettative di essere ricambiati.

L'Amore non è qualcosa di invalidante, di castrante ma soprattutto va lasciato andare in un movimento oscillatorio che lasci il 'pendolo' libero di ritornare. Il movimento dell'amore è univoco da dentro a fuori, è il movimento del dare, non può mai essere viceversa senza trasformarsi in egoismo, dettato dalla paura della perdita. In realtà ciò che ferita da abbandono deve comprendere è che non si perde mai nessuno veramente, perché siamo tutti 'Uno', legati dalla stessa natura divina e che in virtù di questo non siamo soli mai.

A volte, specie la donna dipendente, pur di non rischiare la solitudine, si costringe a stare vicino ad un uomo che non ama, o un uomo che la tradisce. Sopporta tutto perché quel tutto è comunque meglio che sentirsi sola.

N.B: Nel 'sopporta tutto' non si intendono manifestazioni di violenza, quelle appartengono ad un altro tipo di ferita. Per il dipendente la violenza è inaccettabile ed è forse una delle poche modalità che può farlo fuggire a gambe levate.

È un bambino che parla molto, che è attaccato alla gonna della madre e che non sopporta che lei possa porre l'attenzione su altre persone, pianti e grida e capricci saranno all'ordine del giorno. Un momento prima era sul tappeto a giocare tranquillo e un minuto dopo che la mamma ha risposto al cellulare e sta parlando con un'amica, diventa una maschera piangente e urlante non si capisce bene per quale malaugurato accidente: solitamente nulla.

Il bambino 'dipendente' non ama fare i compiti da solo, vuole sempre qualcuno che lo aiuti o qualche amichetto con cui condiverli, a scuola si fa aiutare volentieri dai suoi compagni, si rende utile e difficilmente si fa 'usare'. Desidera apportare il suo contributo al gruppo ma desidera anche che questo contributo sia apprezzato, in quell'apprezzare c'è il riconoscimento del suo 'essere insieme'.

Anche da adulto cerca attenzione, in una assemblea è quello che prende la parola in continuazione per fare richieste e domande, anche scontate, quelle che bastava pensarci un attimo in più per darsela da soli la risposta, ma no... da soli, no! Vogliono farsi sentire, farsi vedere, non nel senso della grandezza ma dell'esserci, quindi non importa se a volte fanno la figura degli sciocchi, non è apparire intelligenti il loro fine ma l'apparire negli occhi degli altri, sentirsi 'con loro'. Insieme. Per questo non fa nulla per distinguersi anche se in realtà poi ci riesce benissimo: abiti colorati, cappellini, effetto 'dandy' o ricercatamente liberty, accessori eccentrici che attraggono l'attenzione, appunto, ma mai senza eleganza, e infatti raffinato e molto chic.

Fatica a chiudere una conversazione, dice la parola 'ciao' ripetutamente salvo poi ricordarsi in extremis qualcosa di altro da dire.

Sul lavoro ha sempre mille cose da raccontare ai colleghi, che lo ascoltano volentieri perché, come già detto, ha modi accoglienti e piacevoli.

Il lavoro che fa per lui è un lavoro dipendente, facendo il

quale avrà sempre denaro per vivere in maniera soddisfacente; mentre può accadere che non guadagni come si sarebbe aspettato quando intraprende un lavoro autonomo.

Si prende a cuore l'azienda per cui lavora, gli piacciono i suoi spazi che addobba in modo molto colorato, adora i suoi strumenti, va volentieri a lavorare ma si stressa facilmente se gli viene dato un ruolo di comando, lo accetta, ma declinerà dopo poco in quanto non gli piace comandare sugli altri ma sentirsi pari a loro. Come più volte detto, 'insieme' è la sua parola d'ordine.

Come dicevamo si affeziona ai posti, ai luoghi, ad un particolare negozio o ristorante ma anche a un libro, che non vorrebbe finisse mai.

Non ama gli acquisti on-line perché deve sentire il calore umano.

Se anche solo al telefono gli viene detto: 'Ora ti devo lasciare' (in senso momentaneo) va in crisi e può diventare triste senza capirne il motivo.

Dentro di sé si sente solo, per questo ama parlare e le parole che usa spesso sono:

"Solo"

"Assente"

"Non lo reggo" o "Non reggo"

"Insieme"

"Lo faccio quando ci sei anche tu"

"Fai quello che vuoi basta che stai qui con me"

"Ho bisogno di vederti"

ma anche:

"Mi stanno col fiato sul collo"

"Mi mangiano"

"Voglio essere indipendente"

"Sto male se..."

Fisicamente:

Le persone con la ferita da abbandono si sentono scarsamente nutrite dal lato affettivo e può succedere che scambino il nutrimento come sostituto dell'amore. Il corpo è ipotonico, manca di muscolatura a sottolineare che non può sostenersi da solo, può avere grandi occhioni tristi che però si accendono improvvisamente nel vedere la persona amata.
Se notiamo una parte del corpo situata visivamente più in basso, possiamo essere sicuri di essere di fronte a questo tipo di personalità dipendente. La schiena un po' curva, che sta a sottolineare che non può reggere tutto il peso da solo, è un'altra spia evidente.
Alcune parti del corpo flaccide sono un'altra caratteristica del dipendente: i seni cadenti, le spalle, lo scroto, la pancia, le guance.
Naturalmente più la ferita è attiva e profonda e più queste caratteristiche saranno presenti nel suo corpo mentre una sola determinerà una ferita da abbandono meno profonda ma comunque esistente.

N.B: per parti flaccide non s'intende necessariamente che la persona sia in sovrappeso ma piuttosto punti 'cascanti'.
Il Dipendente di solito ha un fisico normo o sotto peso un po' come la ferita da Rifiuto, possono avere, entrambi, polsi e caviglie sottili ma quello che li distingue maggiormente è la tonicità muscolare che, nel caso del Dipendente, sarà praticamente inesistente. Il Fuggitivo avrà una postura diritta e sostenuta mentre quella del Dipendente sarà più accasciata, ripiegata, non sostenuta. Qui, al contrario del Fuggitivo, si nota un bambino nel corpo di un adulto.

I malanni del Dipendente potrebbero essere di varia natura, la schiena viene spesso colpita poiché (per ferita da abbandono dire di NO è praticamente impossibile per la paura di essere lasciato solo) tende a dire di sì e a prendersi carichi che poi non riesce a portare a compimento al fine di ricevere più attenzione, o anche, come abbiamo più volte detto, perché la muscolatura praticamente inesistente non lo sostiene. Come per ferita da Rifiuto può soffrire di asma e bronchite; ma mentre nel primo la fatica è nell'ispirare la vita, qui la difficoltà maggiore sta nell'espirare: nel 'dare' poiché tende a trattenere le cose, fatica nel lasciare andare.

A soffrire è anche l'apparato digerente che risulta essere molto fragile, infatti tende a non sentirsi nutrito adeguatamente anche se quel nutrimento è sul piano dell'affetto invece che su quello fisico.

Soffre di miopia, non vuole guardare lontano, ha paura del futuro, di vedersi solo.

Il Dipendente che si cala troppo nel ruolo della vittima può soffrire d'isteria: e proprio come il bambino, che conosce solo il pianto per evocare la poppata, diventa molto rumoroso nelle sue manifestazioni pensando che in questo modo otterrà ciò che desidera.

Soffre di continue emicranie perché, come dice la Borbeau: "Fa troppe capriole per essere ciò che gli altri vogliono che sia".

Come già spiegato nel paragrafo precedente, è la personalità che più è colpita dalle cosiddette 'malattie rare', quelle che richiedono una particolare attenzione, oppure quelle che vengono definite 'malattie incurabili' e che hanno bisogno di assistenza speciale ma soprattutto continua.

Se ti riconosci in questo tipo di ferita è urgente per te risolvere qualsiasi risentimento verso il genitore del sesso opposto in quanto la ferita potrebbe venire riattivata da qualsiasi persona dell'altro sesso. Riconoscere che è perfettamente naturale provare risentimento per il genitore che ci ha provocato o dal quale abbiamo percepito la sofferenza, è la

prima cosa da fare!
Qualsiasi relazione con l'altro sesso viene profondamente
minata dal rancore, conscio o inconscio, provato per il genitore di sesso opposto.
Capire questo è fondamentale per la risoluzione di qualsiasi
ferita! Ma soprattutto, per riuscire a spezzare la catena karmica, comprendere che quel genitore è vittima anch'esso
dello stesso tipo di sofferenza.

METODO MeG

Il metodo MeG si propone, servendosi dell'auto-osservazione
e della scrittura ma anche attraverso l'uso delle essenze, dei
cristalli e delle affermazioni consapevoli, di armonizzare e
trasformare il corpo fisico e animico ma anche i corpi di luce.
Tutto questo perché sono profondamente convinta che ad
essere ferita non sia solo la parte emozionale ma che anche i
corpi di luce, che si espandono fuori dal nostro corpo fisico,
siano profondamente interessati perché la ferita va a colpire
in maniera importante anche i centri energetici o chakra.
Attraverso questo riequilibrio, questa armonizzazione vibratoria, è possibile la completa riattivazione delle proprie
risorse fino a far emergere i talenti intrinseci dell'essere.

Risolvendo la ferita da abbandono si avranno naturalmente
risoluzioni in vari ambiti che ora risultano bloccati a causa di
modalità ricorrenti e con l'energia sbloccata riuscire ad
avere maggior iniziativa personale e positivamente diventare leader della propria vita.
Acquisendo la consapevolezza di non essere soli si ricerca
più frequentemente la compagnia di se stessi con conseguente stabilizzazione dell'umore; ci si riscopre più disponi-
bili di fronte alle innovazioni, ai cambiamenti, avendo più

forza creativa e quindi più capacità nel trovare nuove idee o soluzioni. Con questa nuova adattabilità si avranno più opportunità di lavoro, più intraprendenza, costanza e capacità di progettazione.

Potranno usare la loro innata empatia per aiutare gli altri o il loro spirito organizzativo in qualche attività artistica, sono poeti, scrittori delicati e pieni di dolcezza; hanno infatti una capacità innata ad entrare dentro le modalità delle altre persone intuendone le qualità dell'anima.

Nella risoluzione comprendono che tutto è UNO, che ognuno di noi è parte di un progetto universale e che questo progetto 'continua' anche nei momenti durante i quali ci ritroviamo fisicamente in compagnia solo di noi stessi.

Auguro a chi si riconosce in questa ferita la piena trasformazione, primo perché potrà vivere davvero nel ben-essere, secondo perché in questo modo potrà godere dei suoi successi. Questa tipologia di persone, una volta risolta la ferita, risulta essere molto fortunata: quando comprende di far parte di un gioco più grande è capace di attirare ogni sorta di buona cosa.

Cosa fare?
Metodo MeG
o delle 5 settimane.

Prima settimana:
Ora parlerò direttamente con te, anima poetica.
Ho sperimentato per prima questo percorso ed è per questo che vorrei mettermi accanto a te. Parlarti, non come un insegnate ma piuttosto come un sostegno, in modo che nei momenti di difficoltà io possa ricordarti di NON MOLLARE!
Conosco la trasformazione finale e… desidero ardentemente che tu arrivi a sentire la forza di sentirsi uniti con il tutto.
Ti sorrido. Cominciamo. Insieme.

La prima cosa da fare non sarà difficile per te che ami scrivere, sicuramente hai scritto o scrivi molto, più per non sentirti sola/o che perché qualcuno ti legga, quindi è il momento di regalarti un nuovo quaderno per annotare le frasi che contengono le parole chiave che ti riscoprirai dire o pensare durante la giornata, nel caso di ferita da Abbandono, saranno frasi o parole tipo queste:
"Solo/a. Assente. Da solo/a non ci riesco. Ho avuto un tremendo mal di testa. Sto bene solo quando stiamo insieme. Lo faccio quando ci sei anche tu. Fai quello che vuoi basta che stai qui con me. Ho bisogno di vederti"
So che è impegnativo, che non sempre si ha il tempo o il modo di scrivere ma, ti chiedo di farlo più spesso che puoi. Quando proprio non ti sarà possibile, cerca di memorizzare.
Alla fine della giornata prendi il tuo quaderno e riscrivi le frasi ribaltandole completamente, tipo:
"Sto con me. Presenza. Ho le capacità per riuscirci. Sto fisicamente molto bene. Mi sento amata/o sempre. Posso farlo anche da sola/o. Ok, quando arrivi ci vediamo. So che faccio parte del tutto." (Solo per fare alcuni esempi)
Scrivendole a lato delle frasi-abbandono.
Questo esercizio è fondamentale e va fatto per sette giorni.

L'importanza delle essenze:

Ora ti consiglierò il secondo strumento di questo metodo.
Durante i primi sette giorni, quando ti accorgerai di usare le caratteristiche frasi o parole, ti chiedo di porre attenzione alle varie parti del corpo dove quasi sicuramente potresti provare sensazioni o stati particolari, quali:
oppressione al petto, fatica ad espirare, male alla gola, male alla schiena, male alla testa, dolore alle vertebre sacrali, problemi alle ginocchia, gambe che cedono, problemi alle spalle, stitichezza, dolori nel corpo di varia natura, trafitture improvvise, nausee, giramenti di testa.

È importante localizzare questi punti perché sono quelli esatti che ci indicano dove il corpo di luce è talmente trafitto, praticamente bucato, che il dolore è arrivato ad interessare il corpo fisico.

È necessario scoprirli in quanto è proprio lì che andremo ad usare la vibrazione di guarigione delle essenze.

Per capire come questo succeda dirò che la vibrazione delle essenze è in grado di riarmonizzare l'energia, 'cicatrizzando' il corpo di luce e ripristinando la trama del suo tessuto.

Le essenze per la ferita da abbandono:

Folkenia hodginsii (olio essenziale di Siam Wood): quest'olio essenziale non è molto conosciuto ha un aroma piacevolissimo e rilassante, è meraviglioso per ritrovare uno spirito positivo o per un cambiamento di prospettiva in direzione positiva.

E' l'essenza che più si adatta ai sintomi quali la sensazione di abbandono, per chi si sente vulnerabile, per chi si trova isolato. Utilissimo per affrontare il dolore della perdita, di qualsiasi tipo essa sia, un evento traumatico così come gli effetti di una delusione d'amore. E' un ottimo decongestionante linfatico, antiallergico, antiinfiammatorio, efficace per la buona circolazione sanguigna, antisettico e antireumatico.

Olio essenziale di angelica: La pianta dalla quale si ricava questo olio era ritenuta miracolosa nel medioevo dove si diceva essere l'erba degli Arcangeli. Si ritiene avesse poteri di guarigione quasi soprannaturali e veniva usata addirittura durante le epidemie. Queste proprietà guaritrici sono reali e possiamo usufruirne sul piano fisico oltre che sul piano spirituale. Per ferita da abbandono questo guaritore-immunostimolante è davvero un toccasana indispensabile.

Essenza di pino: Tonificante, aiuta a sentirsi subito efficienti già di primo mattino. Toglie quel senso di stanchezza alle persone in sovraffaticamento o indebolite dallo stress. Aiuta nei disturbi del sonno e nei casi di depressione o esaurimento. E' un toccasana per tutto ciò che riguarda il respiro e i bronchi risultando molto efficace nel combattere gli accessi asmatici.

Essenza di verbena: Indicata nei casi di ansia, stress, tachicardia ma soprattutto seda i dolori di origine psicosomatica agendo come normalizzatore dell'umore e calmante.
E un disinfettante delle prime vie aeree. Un riequilibrante del sistema nervoso. Uno stimolante per tutto l'apparato digerente facilitando l'azione epatica, gastrica e l'assorbimento dei nutrienti.

Boccetta da 10 ml con contagocce.
Esempio di miscela tipica:
Olio di Jojoba come base.
Folkenia 2 gocce
Angelica 2 gocce
Verbena 1 goccia o Pino 1 goccia

Come e dove si usano:
Avrai già localizzato alcuni punti dove il corpo di luce è trafitto, sono esattamente quelli dove avrai percepito una sensazione particolare o dolorosa. Ecco, lì andrai ad usare le essenze.
Metti due gocce di olio sulla punta delle dita, e applicale massaggiando in **senso antiorario!**
Il senso antiorario ripristina la memoria originale del corpo di luce lenendo la ferita e ricostruendo la trama energetica.
La sensazione di sollievo è quasi immediata.

<u>Quando si devono usare:</u>
Per tutta la durata del ciclo di 5 settimane che riguarda la trasformazione di una precisa ferita.
Al mattino, al pomeriggio e alla sera, si passano le gocce sui punti.
Puoi usare le essenze anche ogni volta che senti 'quel' particolare fastidio.
Mentre passi gli oli al mattino e alla sera ti chiedo di ripetere le affermazioni positive della ferita che intendi trasformare.

Affermazione classica per la ferita da abbandono:
"Trasformo la percezione dell'abbandono nella meravigliosa scoperta che tutto è UNO. Riconosco che non sono mai solo/a e che l'universo mi sostiene con gioia. Mi sento amato/a anche in piena salute e posso comunicarlo al mondo attraverso la felicità che sento"

N.B: Se ti sei riconosciuto in questa ferita, ti piacerà sicuramente prenderti cura di te, coccolarti, solitamente però lo fai per qualcuno, non per il semplice piacere di farlo, ma il profumo delle essenze e la sensazione di pienezza che consegue il pronunciare ogni volta l'affermazione, ti renderà consapevole che non sei mai solo, lo sentirai come una vibrazione nuova. Ecco, qualcosa sta funzionando, cambiando, trasformando, improvvisamente sentirai il mondo dentro di te. Sorridi quando lo sentirai, nel comprendere che tu ne sei parte!

Ora ti parlerò di un altro strumento di questo metodo.

IL POTERE DI GUARIGIONE DEI CRISTALLI:

Abbiamo già preso in considerazione, in apertura, l'enorme potere curativo/vibrazionale dei cristalli. Anche per la ferita da abbandono esistono particolari pietre a supporto della trasformazione.

I cristalli che puoi usare per la ferita da abbandono:

Questo ulteriore strumento al pari degli altri ma in una diversa prospettiva, ti aiuterà ad innalzare ancora di più la tua vibrazione

Quarzo ialino: Rende sereni e inclini all'ottimismo, ci si sente pieni di vitalità in quanto è un potente pulitore energetico per tutti e sette i chakra. Fa sentire forti, in grado di accettare sfide e cambiamenti. Veicola il messaggio che la missione dell'essere umano è quella di evolversi sentendosi unita alla Coscienza Superiore donando così chiarezza, lucidità e solidità.
Purifica inoltre l'organismo, favorisce l'eliminazione delle tossine rigenerando i flussi energetici dei tessuti.

Corniola: riequilibra il 2° chakra, a livello subconscio infonde il coraggio per affrontare la vita di tutti i giorni. Stimola fortemente il desiderio di portare a compimento ciò che si è intrapreso.
A livello emotivo rende le sensazioni fruibili al raziocinio permettendone così la sperimentazione sia di quelle gioiose ma anche di quelle dolorose, donando la certezza di poterle comunque affrontare senza perdere il proprio centro o il controllo emotivo.
A livello fisico migliora la circolazione sanguigna e la qualità

stessa del sangue, efficace contro le cistiti e le problematiche dell'apparato riproduttivo.

N.B: trova un negozio di minerali che ti garantisca che questi cristalli o pietre siano di origine naturale e non costruiti sinteticamente.
Questo è molto importante per ottenere l'effetto desiderato.
Ci sono anche dei siti su internet che offrono una buona qualità ad un buon prezzo.
Acquistate il tipo 'burattato' o le pietre allo stato grezzo, si comprano con un costo molto contenuto di qualche euro.

Come si usano:

Per 7 minuti e per 3 volte al giorno, tieni il quarzo ialino nella mano sinistra e la corniola nella mano destra.
Puoi semplicemente tenerli, anche se stai guardando il tuo programma preferito alla tv, anche se stai parlando. La cosa importante è mantenere le pietre nella mano, per permettere al loro messaggio di penetrare profondamente.
Puoi portarle con te ovunque, dentro un sacchettino, meglio se colore azzurro o argento, e usarle quando più ti piace o quando semplicemente ne sentirai il bisogno. Dopo un forte stress, ad esempio, le puoi utilizzare tenendole nel palmo della mano mentre ripeti mentalmente la frase dell'affermazione per la ferita.

N.B: Le essenze e le pietre andranno usate per tutto il periodo di 35 giorni.

Al termine della prima settimana:
Avrai via via scritto sul quaderno le frasi che più ti sono risuonate e che ti riportano al perpetrarsi della ferita e, ogni sera, dovresti averle cambiate nel loro opposto.
A questo punto e già dopo questo breve periodo, attraverso l'uso delle essenze e dei cristalli, potresti aver già notato un cambiamento emozionale, sentire più leggerezza, più energia, maggiore lucidità, potresti aver sperimentato un senso di centratura o 'presenza' e sentirti abbastanza forte e con lo stimolo giusto per continuare il percorso.
Se hai provato qualcuna o tutte queste sensazioni non avrai dubbi sul proseguire; tuttavia se ancora non fossero giunte non ti preoccupare, arriveranno tutte insieme e sarà ancora più liberatorio.
Andiamo.

Seconda settimana:

Eccoti alla seconda settimana. Ora, presumibilmente la sera o in un altro momento a te propizio, prenditi il tempo per scrivere sul quaderno tutto ciò che la parola 'ABBANDONO' suscita nel tuo essere, può aiutarti anche pensare ai cinque sensi, tipo:
Se fosse un sapore sarebbe.... e se fosse un colore, o un suono? Se potessi toccarlo cosa sentiresti? E' ruvido, è viscido è sfuggente... cosa sentiresti sotto le tue dita? E se infine fosse un odore? Ecco, lascia che giunga alla mente tutto ciò che la parola 'abbandono' suscita dentro di te e scrivilo.
Porta il quaderno sempre con te e usalo ogni qual volta tu lo ritenga necessario.
Ti chiedo per questo lavoro, di non entrare nel personale.

Non: "Mi sento abbandonata quando... etc. etc..."
Ma: "L'abbandono è qualcosa che, una modalità che, un suono che..."
Il racconto deve risultare impersonale. Non deve parlare della tua realtà nel quotidiano ma di ciò che tu credi che sia quell'elemento.
Ricordati che stai lavorando negli strati profondi del tuo essere e questa è la modalità che trasformerà profondamente, durevolmente e in meglio, la tua esistenza perciò non sottovalutare questa ricerca dentro di te.
Ricordati di usare le essenze e i cristalli e l'affermazione.

Terza settimana:
Olà, eccoci! Siamo arrivati alla terza settimana, benissimo!
Come ti senti? In qualsiasi modo tu ti senta, sappi che siamo in piena trasformazione. Non soffermarti su nessuna sensazione come se fosse 'per sempre', è tutto rimodellabile. Siamo in piena energia di rinnovamento ed è tutto perfetto!
Prova a stare un po' di più con te, osserva il mondo, i suoi rumori, gli odori, le piccole forme di vita, non cercare nessuno e nota come sia impossibile rimanere veramente soli.
Vai davanti allo specchio e sorridi al tuo stesso volto riflesso. E... questo non c'entra con il Metodo MeG ma fa benissimo allo spirito. Prova.
Com'è stato?
Ok, bene.
Andiamo avanti.
Ti sorrido anch'io.

Allentare un po' l'atmosfera può servire prima di iniziare questa settimana perché ora comincia il lavoro consapevole, quello che forse sarà più duro e potrebbe anche farti avere dei ripensamenti sul percorso intrapreso verso la risoluzione.

Stai all'erta! L'Ego fa benissimo il suo lavoro di difesa, l'ha sempre fatto! Tieni a mente che lui NON VUOLE che tu ti avvicini a 'quel' punto specifico, per tutto questo tempo te ne ha tenuto lontano perché crede che se tu arriverai a sentire quella particolare sofferenza, soccomberai al dolore di ritrovarti in completa solitudine in un mondo vuoto: MA QUESTO NON E' REALE!

Non è così! Tu ora sei in evoluzione e non hai più bisogno di quella modalità di difesa, anzi, proprio quella è diventata una delle sbarre di una specie di prigione self-made, un bastone che ti impedisce di camminare con le tue gambe e mantiene il tuo senso di felicità alle dipendenze di qualcuno 'là fuori'. Un bastone che non ti permette di 'volare', di godere della libertà serenamente se non come hai fatto fino ad ora e con le soluzioni che hai sperimentato fino a questo momento e che, se stai leggendo questo manuale, probabilmente non sono fonte di felicità per te.

Lo capisco, a volte è impegnativo da accettare ma... rimani qui perché arriverà anche la parte in cui penserai di avere le ali, te lo prometto!

Andiamo avanti insieme.

RICORDATI QUESTO:
Se l'ego avesse avuto la soluzione tu ora non avresti alcun problema!

Se l'ego nel suo database avesse registrato il modo di risolvere quel dato problema, ne avrebbe già usufruito risolvendolo, ti avrebbe già fornito gli strumenti adatti e ora saresti una persona più felice. Perché non lo sei?! Perché nel tuo ego-computer la soluzione non c'è, o per lo meno l'unica che ha trovato è quella che ha agito fino ad ora.

'E quindi?' Dirai. E quindi tu stai già mettendo in atto da due settimane un metodo che permetterà la creazione di nuovi circuiti, la formazione di una nuova consapevolezza che metterà informazioni nuove dentro il tuo software, in modo tale che sarà semplice articolare poi nuove e potenzianti e gioiose risoluzioni. Emergeranno anche i tuoi talenti. Perciò non mollare! Perché anche se lo fai, prima o poi dovrai ripassare da questa strada, prima o poi dovrai reimpastarti... e allora perché non ora, intanto che sei nel cambiamento. Forza! Io non ti mollo.

Terza settimana dicevamo:

In questa settimana dovrai scrivere sul quaderno
"Tutte le volte che mi sono sentito/a abbandonato/a, da quando sono nato/a fino ad ora"
Portati dietro il tuo caro amico quaderno e quando ti torna alla mente uno di quei momenti annotalo il più presto possibile.
N.B: Questa settimana Se è possibile, non aspettare!

Lo so che potresti essere al lavoro ma è importante anche solo che tu ti faccia un appunto per ricordarti l'evento che in seguito, con calma, trascriverai.
Ricorda che abbiamo messo in atto una rivoluzione interiore: fai finta di osservare un impastatrice dall'alto; in questa pasta che si muove sono immersi dei pezzi diversi: puoi immaginare dei sassi dentro al cemento mentre viene impastato nella betoniera. Questi sassi possono essere visibili per qualche attimo ma poi vengono sommersi un'altra volta dal movimento della macchina, non sappiamo quando riemergeranno e nemmeno 'se' riemergeranno. Per questo è così importante annotare subito il ricordo, ogni nostro spiraglio nel passato e come uno di quei sassolini, magari potresti pensare: 'Ma sì, è una cosa talmente particolare, e poi è suc-

cessa a me, non me ne dimenticherò. L'annoto dopo'.

Mi spiace dirtelo ma non funziona così. In quel momento ti sembrerà di avere l'assoluta certezza che ricorderai ma quando avrai il tempo per scrivere ti ritroverai con gli occhi stretti a pensare e ripensare qualcosa che non riesci più ad afferrare.

Provare per credere! Perciò può servire anche una piccola annotazione, una rete gettata sul sassolino per poi, al momento giusto, ritirarlo su dal profondo.

Per sei giorni cerca di fare questo lavoro certosino dentro di te. All'inizio potrebbe essere impegnativo cercare di ricordare, ti sembrerà che non ci sia nulla ma piano piano un ricordo prenderà consistenza e poi un altro e un altro ancora e tutto sarà più semplice a mano a mano che passa questo tempo.

Arrivato al settimo giorno ti chiedo di fare un altro sforzo (forse penserai che questo percorso sia faticoso ma... ti prometto che sarà valsa la pena ogni più piccolo sforzo che avrai fatto).

Ti chiedo di rileggere quello che hai scritto come se tu fossi la persona che accusi di averti fatto sentire l'abbandono, la persona che pensi ti abbia ferito. Ti chiedo di 'entrare' dentro di lei fino a guardare con i suoi occhi. Ecco.

Ora: Hai davvero la certezza che la sua intenzione fosse quella?

Pensaci un po' su.

Rimani fermo un momento e prendi coscienza di questa persona.

Voleva proprio 'abbandonarti' o quella è solo la percezione che ne hai avuto?

Domandati questo per ogni evento che hai descritto, non risponderti subito, prima ascoltati dentro.

Emergeranno varie emozioni, falle uscire! Pianto, rabbia, frustrazione... falle uscire!

Fosse anche prendere l'auto e parlare con se stessi. Andare in un parco e affidare le emozioni alla Terra. Nel tuo caso evita accuratamente di trovare una persona che ti ascolti realmente. Stai vincendo l'abbandono. Stai insieme a te. Parla con te. Sfogati con te. Sentiti il tuo migliore amico, confidente, consolatore, ascoltatore. Tu, sei tu.

Aiutati con le essenze, con le tue pietre e ripeti l'affermazione fino a quando non sentirai sciogliersi quel nodo nel petto.

Libera le memorie!

Lo so... non è semplice, ma se sei qui significa che hai la stoffa di chi sa lottare sul serio! E' quello che stai facendo: stai lottando per la tua risoluzione, per poter avere gli strumenti che ti aiuteranno ad evolvere nella gioia. Per uscire alla Luce!

Forza. Sappi che il tuo Sé superiore ti assiste. Puoi chiedere aiuto alle guide, agli spiriti angelici che ti sono stati affidati alla tua nascita in questa terza dimensione, questo sì, oppure se non credi in questo prendi un grande giornale e comincia a strapparlo in piccoli pezzettini!

Qualsiasi modo (che sia lecito mi raccomando) possa esserti di aiuto usalo, l'importante è che tu possa vivere quelle emozioni fino in fondo.

Sarà importante, sarà doloroso, sarà magnifico!

Alla fine di tutto questo potrai sentire che la solitudine non esiste, che tutto è Uno e che quell'Uno sei anche tu.

Sentirai finalmente e profondamente che non c'è nessun bisogno assoluto.

Come diceva Madre Teresa: Il mare senza una goccia non è più lo stesso mare.

E io ti dico che il 'Tutto' senza di te non può più definirsi tale!

Perciò se tu fossi anche una sola goccia risuoni dell'intero mare!

Non c'è vuoto ma vastità, non solitudine ma energia!

Quarta settimana:

Complimenti a te che sei qui! Chapeau! Hai proprio deciso di trasformarti ma voglio fare i complimenti anche a te, che magari sei qui dopo aver effettuato una... 'pausa ricreativa'.
Quindi lode a chi ha proseguito e lode a chi è ritornato.
L'ultimo passaggio non è stato facile, lo so per esperienza personale.
Perciò proseguiamo, ora credo che sarà più facile.

Memorandum:
Stai usando le essenze tutti i giorni?
E i cristalli?
E le affermazioni?
(Per te che hai fatto la ricreazione di cui sopra: vai a rispolverare i tuoi strumenti e riprendili come esercizio quotidiano, non è cambiato nulla. Il tempo è relativo)
Andiamo avanti allora. Sistemati bene e... ripartiamo.

Quarta settimana dicevamo:

In questa settimana riprendi a scrivere sul tuo quaderno, questa volta il titolo sarà;
"Tutte le volte che: Io ho inflitto la ferita dell'abbandono a me stesso e agli altri"
Eh già! Perché è proprio così che succede: l'esempio di comportamento che abbiamo avuto lo abbiamo agito anche su altre persone, inconsapevolmente certo, senza rendercene conto, ok! Ma lo abbiamo fatto. E... udite udite! Prima di tutto proprio nei nostri confronti.
Quando ti sei abbandonato/a? Tutte le volte che non ti sei amato/a abbastanza, tutte le volte che hai lasciato perdere

un progetto, un corso, lasciato lì qualcosa che avevi precedentemente iniziato, e ogni volta che hai scelto la malattia al posto dell'amore per te.

Ecco, questi potrebbero essere uno spunto, ma tu saprai meglio di me trovare quegli eventi nella tua esistenza.

Perciò iniziamo questa quarta settimana.

Sei a più della metà del percorso.

Per la modalità di scrittura vale quella che ho descritto per la terza settimana, ricordi? (Quando non puoi scrivere cerca di annotare anche solo un accenno... i sassolini... la betoniera... etc.. etc... E ricordati che non sei mai solo/a ma sei sempre insieme al migliore amico/a che tu possa avere: te stesso/a)

Giunto il settimo giorno, rileggi tutto ciò che hai scritto. Comprendi com'è facile entrare dentro questo meccanismo e come i tuoi genitori, che non hanno avuto la fortuna che abbiamo noi ora, di avere gli strumenti adatti, non abbiano fatto altro che riperpretare quello che è stato insegnato loro. **Tu, qui e ora, stai spezzando questa catena che lega genitori e figli da chissà quante generazioni.**
Ancora complimenti!

<u>Quinta settimana:</u>

Eccoci qui! Siamo pronti per la risoluzione?

Bene, perché anche questa settimana in alcuni momenti sarà una sfida, gran parte del percorso è stato fatto ma quest'ultimo lavoro per qualcuno potrebbe risultare repulsivo... per usare una parola semplice.

Ti stai chiedendo il perché?

Eh! Te lo spiego subito: Perché si parla del perdono e perché la concezione del perdono è stata deviata, trasformata e riassemblata in qualche cosa che non trova più la strada diretta verso il cielo, verso il cuore.

Si crede che il perdono sia semplice 'buonismo' quando invece è difendere se stessi. Nel caso delle ferite poi è palese: seguimi.

Intanto desidero aiutarti dicendoti che questa è l'ultima strenua difesa, l'ultima barriera, che l'Ego adopera per non farti avvicinare alla ferita. Sulla porta d'ingresso c'è scritto:

"Tu mi hai fatto questo. Lo hai fatto e io non lo so se ho voglia di perdonarti"

Ebbene se tu non perdoni la mamma o il papa' che si sono comportati in un determinato modo, poi, come farai a perdonare te per lo stesso tipo di comportamento?!

Ora sarò un po' forte, non sarò molto 'generosa' e morbida perché ritengo necessario mettere pochi fronzoli a quello che sto per dirti. Avrei voluto usare l'impersonale ma preferisco parlarti direttamente come ho fatto fino ad ora. Abbi pazienza e apri più che puoi la tua mente spazzando per quanto possibile ogni preconcetto così da cogliere il significato profondo di quello che seguirà.

Vieni.

Si tratta di comprendere, oltre al fatto che il comportamento è reiterato nelle generazioni, che già alla nascita eri qui appositamente per guarire quella determinata ferita dell'anima e che eri d'accordo con altre anime per nascere in quel dato momento, da quel determinato genitore, per portare avanti proprio quella particolare dinamica arrivando poi fino alla trasformazione. Si tratta di capire che spezzerai la catena solo e soltanto quando sentirai che l'anima di quel genitore si è accollata il karma negativo per permetterti di arrivare alla risoluzione.

Ti risuona? Ti è reale?

Questo è un momento cruciale, capire che non ci sono colpe. Non c'è fallimento ma solo esperienza, collaborazione, unione, amore.

Ora che hai compreso, ti sembrerà meno impegnativo, in questa settimana, perdonare il genitore che fino ad ora hai sentito 'responsabile', il perdono agisce in maniera tale che egli non abbia debiti karmici con te e perché la guarigione delle anime sia totale e non reiter-attiva.

Puoi permetterti di fare questo sapendo che ne beneficeranno anche le generazioni future, direttamente tue e o della tua parentela.

Per la ferita da Abbandono andremo a scrivere una lunga lettera di giustificazione e perdono al genitore del sesso opposto: il padre se si è donna, la madre se si è uomo.

Ci possono essere delle anomalie solo e soltanto in quelle famiglie dove è palese che sia la donna a portare i cosiddetti 'pantaloni' e il padre non abbia alcun potere decisionale, ma sono casi rari.

Se pensi di avere vissuto in una di queste particolari famiglie o se non si è sicuri di chi avesse determinate caratteristiche dentro casa, il consiglio è di fare una lettera di giustificazione e perdono per la madre e una per il padre.

Se sei omosessuale scriverai una lettera in base a come ti senti realmente, se ti senti donna scriverai al padre e se ti senti uomo scriverai alla madre. Usando la profonda sensibilità che ti è propria sentirai profondamente nella tua vita la libertà di essere ciò che sei senza provare il senso di abbandono.

Non c'è solitudine! Fai parte del tutto di cui sei una scintilla unica e irripetibile.

La lettera avrà per titolo:

"Padre ti giustifico e ti perdono la ferita dell'abbandono"
o
"Madre ti giustifico e ti perdono per la ferita dell'abbandono"

Prenditi tutto il tempo che ti serve durante questa settimana, **ma dovresti scrivere per soli 21 minuti alla volta.**
Dopo i primi venti minuti il cervello razionale prende il sopravvento e vi potreste ritrovare a scrivere arzigogoli e distorsioni che poco hanno a che vedere con quello che originariamente era l'intento.
Quindi: timer 21 minuti. Via!
Per ogni evento trovate almeno un motivo di giustificazione con conseguente perdono per ciò che è accaduto.
Se vi rimane ancora qualche cosa da scrivere riprendete in un secondo momento.
Timer, altri 21 minuti e così via.
Fino alla completa eliminazione degli eventi.

Finito di scrivere la lettera per il genitore inizierete quella per voi stessi, titolo:
"Mi perdono e mi giustifico per aver abbandonato. Mi perdono e mi giustifico per essermi abbandonato"

Questa lettera non è meno importante delle altre poiché se perdoni tutti ma non te stesso, vivrai ancora con la sensazione che gli altri siano bravi e meritevoli e tu no, invalidando quindi tutto il lavoro svolto così faticosamente nelle settimane precedenti.
Perciò se ti sei riconosciuto/a totalmente o anche solo in parte, nella ferita da Abbandono
QUESTA POTREBBE ESSERE UNA DELLE LETTERE PIU' IMPORTANTI DELLA TUA VITA, IL SIGILLO DELLA TUA AVVENUTA TRASFORMAZIONE.

Il settimo giorno prenditi un po' di tempo per te, chiuditi nella tua stanza oppure vai in un bosco, se hai la fortuna di abitare nelle vicinanze, o in riva al fiume.

In breve, trova un posto dove sia possibile stare in solitudine per un po' senza che nessuno possa venire a disturbarti.

Ci siamo. Ora mi metto in disparte per lasciarti la libertà di 'essere' esattamente quello che sei.

Trova un posto dove ti senti a tuo agio, che vibra con te, dirigiti dove il corpo ti porta... quello è il posto giusto. A questo punto inizia a leggere ad voce alta le tue lettere di giustificazione, verbalizzare è molto molto importante. La voce è una vibrazione che mette in moto un processo di creazione, non per nulla nell'incipit di uno dei testi sacri più conosciuti si legge:

"All'inizio era il verbo. E il verbo era presso Dio. E il verbo era Dio" - Verbo - in latino Logos: Parola. La parola che crea come Dio stesso. Crea fuori ma soprattutto crea dentro: il nostro inconscio la sente e la prende per certa. Ascolta quello che succede, il perdono delle ferite inferte e subite e questa voce risuona dentro tutto il nostro mondo: appiana le colline interiori, abbatte i muri della comunicazione bloccata, fa nascere gli alberi della risoluzione e fa sgorgare i fiumi della serenità interiore. Possono allora sbocciare i fiori della gioia mantenendo una promessa antica che una grande anima ci fece:

"Farò sbocciare fiori anche là dove solo un momento prima vi era un arido deserto".

Eccoci qua, come ti senti?

E' valsa la pena arrivare fino qui?

Ci sono stati momenti in cui avresti voluto mollare? Se sì, spero di essere stata il sostegno che ho desiderato essere quando ho preso questo impegno con te.

Ora dovresti aver compreso come agisce ferita da Abbandono e dovresti aver compreso che la chiave di volta per uscirne ogni qual volta essa appare dentro di te è **SENTIRSI PARTE**.

Ora ti lascio un esercizio che cambia il tuo campo morfologico quantistico, fallo ogni volta che ti sembra di non superare un impasse:

Durata dell'esercizio tre minuti.
Metti un timer ad 1 minuto.

Mano destra:
pollice, indice e medio uniti tramite i polpastrelli. L'anulare al centro della fronte un po' sopra le sopracciglia.
(questo vale per tutti e tre i minuti)

Mano sinistra:
Primo minuto sul secondo chakra, distanza 5 centrimetri.
Secondo minuto su tutti i denti.
Terzo minuto sul cuore.
Durante il terzo minuto ripeti anche mentalmente la frase sottostante.

"IO SONO PARTE DELL'INTERA CREAZIONE"
"IO SONO PARTE DELL'INTERA CREAZIONE"
"IO SONO PARTE DELL'INTERA CREAZIONE"

Perché tu sei il TUTTO e il TUTTO è te!

Ora puoi prenderti una pausa o incominciare con un'altra ferita che riconosci come parte di te, io sarò ancora al tuo fianco nel cammino, felice di poterti nuovamente accompagnare.

FERITA DA UMILIAZIONE

È la terza ferita in ordine di tempo e può essere risvegliata dal primo al terzo anno di età, nel momento in cui si sviluppano le funzioni del corpo fisico, in pratica quando il bambino inizia a mangiare da solo, a cercare di mantenersi pulito, ad andare in bagno per i bisogni fisiologici, parlare, ascoltare, comprendere il mondo. Solitamente a risvegliarla è la madre, poiché è lei che se ne occupa in prima persona ma può succedere anche che a risvegliare la ferita sia il padre.

Cosa significa esattamente la parola "umiliazione"?

Per umiliazione si intende ogni volta che sminuiamo, facciamo vergognare, mortifichiamo, vessiamo, degradiamo una persona o noi stessi, con le parole, con i modi, con uno sguardo o anche con un paragone.

Il bambino che sente la madre raccontare all'amica di quanto faccia fatica a mantenerlo pulito con frasi tipo "Mi sembra di avere per casa un maialino!", si può talmente vergognare da sentirsi piccolo come un puntino; lo stesso quando la mamma cerca di far smettere al figlio di usare il pannolino, sottolineare la puzza quando il bimbo si fa la cacca addosso con frasi del tipo "Ma che puzza che hai fatto!! La sentite anche voi? Oh mio Dio! Non ti ho forse detto che devi andare sul vasino a farla?" lo fanno cadere nella mortificazione più nera. O ancora, quando il bambino comincia ad interagire nei discorsi, rivolgersi con frasi come "Che ne vuoi sapere tu, sei piccolo, questi son discorsi da grandi, discorsi che non puoi capire" oppure paragoni "Guarda com'è brava tua sorella" o tuo fratello, il figlio del vicino, il bambino incontrato per strada, ho sentito addirittura una mamma dire al figlioletto al parco "Guarda Michele! Guarda Zorro com'è bravo! La sua mamma gli ha insegnato a fare la pipì contro l'albero e lui da bravo ha capito subito, mica come te che te la fai ancora nel pannolino. Impara da Zorro" dove Zorro, se non si fosse capito, era un cagnolino.

La stessa modalità, solitamente, viene largamente usata in tutte quelle situazioni nelle quali il bambino impara sbagliando, mentre dovrebbe essere incoraggiato a fare meglio con frasi costruttive e incoraggianti tipo: "Su, non ti preoccupare, vedrai che la prossima volta ce la fai" oppure "Vieni qui che ti cambio il pannolino, sei proprio un bravo bambino! Funzioni a meraviglia!"

Vorrei specificare che questo appunto è solo per far capire la modalità inversa; esula da questo testo l'insegnamento di come si dovrebbe svezzare o educare un bambino o il voler colpevolizzare in qualsiasi modo i genitori. Come ho già sottolineato varie volte: noi nasciamo avendo già deciso le ferite che intendiamo risolvere in questa vita, per fare questo ci siamo scelti genitori e modalità adeguate, ma capirete meglio cosa intendo nell'ultimo capitolo "Il Disegno Divino del ricordo di Sé" che, come avrete notato, dà anche il titolo a questo manuale.

Anche quando il bimbo o bimba si tocca le parti intime sarebbe d'uopo non farlo vergognare con frasi come "Maialino cosa stai facendo? Non ti vergogni?" se il bambino soffre di questa ferita sicuramente la si aggraverà e nel tempo potrebbe sviluppare disagi e difficoltà nell'ambito sessuale.

Far vergognare qualcuno è davvero semplice ma a volte anche molto sottile, ad esempio quando diciamo "Lascia stare, faccio io se no tu chissà cosa combini", la nostra intenzione è di salvaguardare ma siamo sicuri che sia percepita in questo modo? Probabilmente no. Quasi sicuramente il figlio si starà sentendo un incapace. Eh! La vita del genitore è davvero difficile, lo ammetto e soprattutto nessuno ci ha fornito il libretto di istruzioni.

Come abbiamo visto la ferita da umiliazione si estende in vari ambiti e ha vari modi per essere inflitta, abbiamo detto che può essere la madre a farlo perché normalmente è lei che esercita il controllo sul bambino, ma può essere ugualmente inferta anche dal padre se si occupa dello sviluppo del bimbo in tal senso.

Chiunque effettua un controllo sullo sviluppo fisico del bambino che sia madre o padre può infliggere la ferita.

Vorrei specificare che vergogna non è un sinonimo di senso di colpa, ci si può sentire in colpa anche senza vergognarsi mentre è impossibile il contrario. La vergogna è quando noi pensiamo di essere nel torto rispetto a ciò che abbiamo appena fatto. Ci giudichiamo, giudichiamo noi stessi e non il fatto in sé. Il senso di colpa invece, nasce dal giudicare sbagliato il fatto, non noi stessi: "Ok, quello che ho fatto è sbagliato. Ho capito dove e la prossima volta sono sicuro/a che farò molto meglio" in questo modo non è detto che si debba per forza provare vergogna ma si vive l'accaduto come esperienza. Quando invece diciamo "Sono proprio uno schifo! Non imparerò mai, non sarò mai all'altezza. Sono troppo stupida/o" questo è giudicare se stessi in base alla vergogna di sé, è sminuirsi.

La maschera che l'ego costruisce per la ferita da umiliazione è quella del Masochista, una personalità che tenderà a far piacere a tutti anche disprezzando se stesso, che si punisce prima che siano gli altri a farlo e anche quando nessuno ne ha l'intenzione, è tutto nella sua errata percezione di non avere o fare le cose all'altezza degli altri che non lo fa mai sentire orgoglioso di sé, mai abbastanza. Può essere che tenti di tutto per essere come crede che il suo partner, il suo genitore, il suo datore di lavoro, desiderano che lui sia. Si spaccherà in quattro per rendersi indispensabile. La frase tipica "Se non ci fossi io dentro casa, andrebbe tutto a catafascio" o "Se manco io è un vero disastro!"

All'apparenza sembra discrepare con quello affermato in precedenza, in realtà il masochista se lo ripete per darsi un tono, non crede affatto a quello che dice, lo specifica perché vorrebbe che gli altri lo confermassero ma solitamente trova solo persone che a questa frase sbuffano o si girano dall'altra parte facendo finta di non aver sentito e per questo il masochista continuerà a fare ancora di più e di più e di più, diventando il servo/a di tutti, lo zerbino del compagno/a, facendosi usare crede che qualcuno prima o poi capirà tutto l'impegno messo nel compiacere, tutto l'amore che sa dare ma... non riceve nemmeno un grazie! Infatti un'altra frase tipica è: "Mi accontenterei di così poco! Mi basterebbe anche solo un grazie ogni tanto... non chiedo mica molto no?"

Copre con strati e strati se stesso perché si ritiene indegno, è per questo motivo che chi soffre di questa ferita è spesso una persona grassa o che tende fortemente a prendere chili; il peso addosso gli permette di coprirsi, di sminuire il proprio io che diventa piccolissimo dentro quel corpo grande; per questo quando decide di guarire la ferita poi dimagrisce velocemente, ciò che non era riuscito a fare con diete su diete e privazioni, in quel momento gli riuscirà molto semplice.

Ha capito il suo valore e non ha più necessità di nascondere il proprio vero sé.

Il masochista tenta di fare tutto per compiacere ma è proprio così facendo che si crea tutta una serie di impegni che lo fanno sentire in prigione, perché in realtà la sua massima paura è la libertà.

Agli occhi degli altri potrebbe risultare liberissimo, è infatti capace di prendersi i suoi spazi, di fare ciò che vuole... non ai suoi occhi però, è dalla parrucchiera ma deve tornare subito a casa perché deve fare questo e quello e quell'altro "Altrimenti poi chi li sente, da soli non si fanno nemmeno un piatto di minestra! Ah! Se non ci fossi io!".

Non comprende che in questo modo fa agli altri proprio quello che non vuole sia fatto a lui: Li umilia dicendo che sono degli incapaci, che senza di lui non valgono nulla. Si sente coercito in tutte le sue manifestazioni, crede di non poter fare altrimenti, quando invece gli altri pensano "Sei tu che lo vuoi fare, nessuno te lo ha chiesto!" altra tipica frase che si sente rispondere e che a Umiliazione bene non fa. Ma... così ha trovato la maniera di far avverare ciò che pensa di sé e cioè di non avere nessun valore.

Avrebbe bisogno di capire che non è necessario invadere in questo modo lo spazio degli altri ma se gli viene fatto notare lo nega perché lo fa in modo sottile: lo fa rendendosi utile, ma è altrettanto vero che, nove su dieci, nessuno glielo ha chiesto. Guai a dirglielo apertamente però, potreste vederlo/a piangere per ore, inconsolabile, perché quello di "fare tutto per gli altri" è l'unico modo che conosce per farsi amare. Non è più in contatto con il suo desiderare, è talmente impegnato a cercare di capire cosa desiderano gli altri che non sa più ciò che desidererebbe per sé.

È il bambino grassottello che, nella migliore della ipotesi, si rende simpatico prendendo in giro se stesso. Ha difficoltà ad esprimere ciò che vuole e ciò che sente perché se ne vergogna. Non chiede mai niente per paura di far vergognare o di doversi vergognare per la risposta o che le sue necessità vengano sminuite "A che ti serve quel vestito, ne hai così tanti, sì, ma se si va a ben guardare di solito è un bambino che ha moltissime cose usate, smesse da altri, perché sembra sempre che gli vada tutto bene dal momento che non osa chiedere. È ipersensibile, basta un niente per ferirlo e così sta attento anche a non ferire gli altri anche se non sempre ci riesce. Quando qualcuno è infelice si fa carico di questo come se la responsabilità fosse sua, pensa che non avrebbe dovuto dire questo o quello, fare questo o quell'altro, e a poco a poco, rimanendo costantemente centrato sulle necessità degli altri, perde di vista le sue.

Non eccelle nello studio, a meno che non debba far piacere a qualcun altro, e non rimarrà turbato da un brutto voto, si deconcentra facilmente, non riesce a rimanere troppo tempo sui libri perché pensa alle mille cose che ha da fare. Si risparmia lunghe ore sullo studio perché non pensa di avere sufficienti qualità per essere il migliore.

È una persona solitamente molto divertente, sa far ridere gli altri con le sue battute soprattutto ridendo di sé, sa essere molto espressivo nel raccontare barzellette o racconti mettendo gli altri di buon umore. Vuole che le persone siano allegre, che si divertano, che stiano bene e così appare come se lui stesso fosse tutte queste cose quando invece la sua paura è che il suo difetto sul quale lui stesso ha scherzato, possa essere sottolineato prima da altri o, peggio ancora, che si possa vedere la sua infinita tristezza interiore.

Ad esempio: si macchia la camicia durante un pranzo? Per coprire la vergogna si dà dello sbadato da solo in maniera plateale, e poi comincia a raccontare un aneddoto, magari nel quale lui durante un cenone di Natale si è sporcato tutto come un maiale, facendo ridere tutta la tavolata. Oppure, una signora, fa la stessa cosa con l'amica che la sta accompagnando al bagno, sottolineando l'accaduto con ogni persona che incontra nel tragitto. Lo dice lei che ora il suo vestito è macchiato perché non sopporterebbe che qualcuno potesse notarlo e sussurrarlo al vicino, sarebbe una vergogna insopportabile.

Dice la Bourbeau: "Ciò che il masochista fa per liberarsi in un campo, lo imprigiona nell'altro".

È una persona che parla moltissimo usando un tono di voce alto, si scusa in continuazione e ti chiede spesso se hai bisogno di qualcosa. È talmente scevro di gratificazioni che quando trova piacere a stare con qualcuno o nel fare qualcosa, teme di approfittarsi troppo della situazione e lo dice, si autoaccusa per non sentirsi una persona che si approfitta delle cose, tipo: "Cavoli, sto approfittando troppo del tuo tempo vero? Ti chiedo scusa ora vado" oppure "Buoni questi cioccolatini, ora basta, non vorrei approfittare della tua generosità" magari dimenticandosi che è arrivata dall'amica e l'ha aiutata a pulire la casa per due ore. Umiliazione fa così: aiuta, vuole rendersi utile. È la massaia che stira le camicie alla perfezione, e le mutande, e i calzini e le presine della cucina. Tutto perfettamente pulito, ordinato e profumatissimo. Non debbono esserci puzze nella sua casa altrimenti potrebbero pensare che sia lei a puzzare, e questo non potrebbe sopportarlo. Sul lavoro è in grado di fare le cose non tralasciando nemmeno un piccolissimo particolare, non si risparmia, portandosi il lavoro perfino a casa, preferisce ruoli da dipendente e nei quali gli altri dicano esattamente cosa deve fare per essere certo di svolgere tutto alla perfezione. Ama lavorare di continuo, intensamente e se per caso viene chiamato a comandare un gruppo di persone è molto facile che faccia lui molto del lavoro che spettava agli altri. Non è lungimirante, negli acquisti vuole spendere poco, senza domandarsi quanto in quel 'poco' ci sia veramente di guadagnato. Non pensa al domani in termini di durata, c'è l'oggi, adesso, il passato lo fa vergognare, il futuro non lo vede perché ha troppo da fare ora, perciò si perde anche il presente. Sta a testa bassa e va avanti, come un Caterpillar, metodico, senza fretta. "Faccio, faccio, faccio perché è nel fare e nell'avere che riconosco il mio valore".

Come dicevamo non si priva di ciò di cui ha bisogno ma, non credendo di meritare, compra cose di poco pregio. Tante, di poco pregio e piccole. Forse anche per questo a volte fa fatica a far quadrare i bilanci, fa più spese di quanto i suoi guadagni gli consentano.

Si vede molto più piccolo di quanto sia in realtà e gli piace tutto ciò che è piccolo: oggetti, macchina, casa, tutto piccolo! Perfino gli abiti sono solitamente più stretti della sua reale misura.

Ha un lessico vezzoso per riuscire a sembrare simpatico o per minimizzare, parla in termini di -ino e -one: -ino per minimizzare i pregi, -one per ingrandire i difetti: "Beh, diciamo che sono stata brava, sì!" oppure, alla domanda "Com'è andata?" potrebbe rispondere: "Ho fatto un figurone!" per dire che non è stato/a nemmeno notato/a.

Oppure:

"È stata una cosa indegna!"

"Non è degno di essere nominato"

"Non è all'altezza"

O un'artista che parla della sue opere non credendo al proprio valore ma nemmeno quello del materiale acquistato o delle ore di lavoro effettuate.

Classiche saranno le frasi:

"Davvero dovrei fare questo prezzo?"

"Sono un emerito sconosciuto"

"Ancora non hanno valore"

"Sono cosine che faccio così, per passare il tempo"

È più forte di tutto, nel dubbio, la prima critica a se stesso vuole essere lui a farsela.

"Il primo colpo me lo infliggo io così gli altri mi faranno meno male" questo è il suo modus vivendi.

Il masochista si trova spesso in ruoli da paciere, da mediatore nei conflitti, intervenendo se il padre sgrida il figlio ad esempio; in questi casi funge da ammortizzatore o capro espiatorio tra i due, si prende i colpi di entrambi tentando di mediare e credendo che avrà fallito se non riuscirà a farli comprendere: non è capace di lasciare agli altri le loro responsabilità. Deve mettersi in mezzo perché se non facesse nulla se ne vergognerebbe sentendosi responsabile della infelicità degli altri.

È la classica donna che si attira i compagni sbagliati, quella che dice "Me li trovo con il lanternino, tutti a me capitano" uomini che la fanno imbarazzare in pubblico, che la sminuiscono in continuazione, a volte anche uomini violenti che lei farà di tutto per scusare e nascondere addossandosi la colpa "Se non avessi fatto", "Se non avessi detto", "È colpa mia perché..." e via dicendo. Ovviamente gli stessi atteggiamenti possono capitare anche nel caso si tratti di un uomo.

Durante l'età dello sviluppo del desiderio sessuale, quando tutti i suoi coetanei tendono a slanciarsi e dimagrire, il masochista metterà su ancora più peso; questo per evitare di suscitare desiderio, privandosi del piacere sessuale, per non sentirsi sporco dopo.

È la donna molto sensuale che riesce a fare sesso in maniera sublime per poi vergognarsi il giorno dopo quasi alla stessa maniera che se fosse andata a prostituirsi e cominciando un autoflagellazione fatta di cibo e senso di colpa e lavori domestici e "no oggi non posso uscire ho un sacco da fare" perché è sicura che se uscisse di casa se ne accorgerebbero tutti. Ha imparato da adolescente che il sesso è disgustoso e non è facile liberarsi da questa credenza.

Pensano di essere volgari, di non avere nulla di raffinato e di faticare per non essere alla mercé degli altri. È la moglie che si mantiene grassa perché pensa che se fosse magra poi piacerebbe a qualcun altro e non sarebbe capace di dire di no.

Fisicamente:

Come già detto le persone con la ferita da umiliazione tendono ad essere grasse. Può anche essere che la ferita sia allo stato latente o che si manifesti a tratti, avremo allora quelle persone che ingrassano e dimagriscono con facilità, fanno il cosiddetto yo-yo.

Chi ne soffre apertamente ha il viso rotondo e aperto, solitamente non spicca in altezza, ha un collo grosso, rigonfio o inesistente. Ha gli occhi molto grandi, innocenti e spalancati, proprio come quelli di un bambino.

Disarmonie:
Anche per il masochista a soffrire sarà la schiena poiché si fa carico di tantissime cose, la zona lombare ma in particolare la sensazione di avere dei sacchi sulle spalle.
Soffre frequentemente di varici alle gambe e spesso ha problemi di storte e fratture.
Ha problemi di fegato perché si fa il sangue amaro per situazioni che non sono sue.
Ogni tanto soffre di laringite o faringite perché è interessato il quinto chakra, la comunicazione. Non può dire chi è e cosa vuole perché non lo sa più nemmeno lui, per lo stesso motivo può sviluppare importanti problemi alla tiroide.
Il pancreas è disfunzionale, energeticamente non si concede la dolcezza in quanto ogni effusione può essere sentita come qualcosa di cui vergognarsi, potrebbe quindi manifestare il diabete o avere un indice glicemico instabile.
Non amandosi abbastanza può soffrire di gravi problemi cardiaci, non si concede ciò che gli serve perché non crede di valere e quindi di meritarselo; nel permettersi di darsi piacere c'è l'amore che proviamo per noi stessi, direttamente connesso con il chakra del cuore.
Crede molto nel suo dover soffrire, non è raro quindi che il masochista si trovi spesso a dover subire interventi chirurgici, anche perché l'ospedale è l'unico modo che ha per mettersi in pausa. Non smette di fare finché non si 'rompe' da qualche parte l'unico modo per fermarsi è esserne costretto.

Risolvendo la ferita da umiliazione si avranno risoluzioni in quegli ambiti della vita che ora risultano bloccati da dinamiche di inferiorità e vergogna.

Si avrà quindi più attenzione per le proprie necessità riscoprendo il grande valore di Sé; si darà più riconoscimento ai propri talenti comprendendo l'unicità della propria essenza e con il risultato di essere orgogliosi di sentirsi parte del creato, avrà più determinazione nel raggiungere i propri obiettivi capendo l'importanza della propria "missione di vita" (spesso ferita da umiliazione nasconde dentro una grande missione nell'ambito della guarigione animica: terapeuti energetici, coach, counselor e numerose nuove figure nell'ambito della guarigione emozionale hanno spesso al loro attivo la ferita da umiliazione), più facilità a dare autonomia agli altri sentendosi affrancati dall'avere la responsabilità della loro vita.

Sentirà più soddisfazione nell'alimentazione nutrendosi correttamente, facendosi finalmente del bene anche mangiando.

Diventa capace di accogliere il rispetto e il vero amore e acquisterà l'abilità di saper dire di NO quando è necessario.

Svilupperà la capacità di selezionare e quindi arriveranno occasioni di lavoro più sostanziali.

Attraverso la lungimiranza potrà sfruttare più vantaggiosamente le proprie risorse a favore del proprio budget economico, emotivo o anche fisico.

Cosa fare?
Metodo MeG
o delle 5 settimane.
Prima settimana:

Ora parlerò direttamente con te anima fiera.

Ho sperimentato per prima questo percorso ed è per questo che vorrei mettermi accanto a te, parlarti non come un insegnate ma piuttosto come un amica, qualcuno che cercherà sempre di farti sentire a tuo agio, perché nei momenti di difficoltà io possa ricordarti che HAI UNA GRANDE FORZA DENTRO DI TE E UN GRANDE VALORE! Sarò qui per incitarti a proseguire dal momento che conosco la trasformazione finale e desidero ardentemente che tu arrivi a sentire di essere una grande anima.

Sono orgogliosa che tu sia qui! Cominciamo questo viaggio. Forza.

Ora procurati un quaderno, anche lui ti accompagnerà per tutto il percorso. In questa prima settimana ti servirà per annotare le parole e le frasi tipiche di questa ferita.

Poni attenzione a tutte le volte in cui ti sminuisci, tutte le volte che parli di te sfruttando il senso di inferiorità, ogni qualvolta adoperi i suffissi -ino per farti piccolo/a o -one per ironizzare su di te. Per fare qualche esempio, le parole/frasi chiave potrebbero essere:

"Ma, non credo di essere adatta/o"
"Sicuro che vuoi proprio me?"
"E' solo una cosetta che ho fatto così tanto per... Oh, no... beh è qualcosa che sanno fare tutti"
"Non è niente di speciale. Ho fatto solo il mio dovere"
"Io?? Ma... sicuro?"
"Vediamo se lo so fare, l'altra volta ho rotto tutto!"
"Non vorrei essere invadente"
"Scusa se ti ho disturbato"
"Scusa se ti ho chiamato. Scusa... etc etc."
con i figli, o in casa: "Lascia stare che lo faccio io"
Alla fine della giornata le riscriverai ribaltandole, tipo:
"Ok. Certo, che sono capace. Arrivo."
"Sì! Mi è venuta proprio bene e ne sono orgogliosa/o"
"Grazie per averlo notato"
"L'altra volta ho fatto esperienza, ora ho capito come fare"
"Grazie per avermi invitato"

"Grazie per le chiacchiere"
"Grazie per l'accoglienza"
"Bene, sono contenta che lo faccia tu, così io mi riposo un po'."

L'importanza delle essenze:

Ora ecco per te il secondo strumento di questo metodo.
Durante i primi sette giorni, quando ti accorgerai di usare le caratteristiche frasi o parole, ti chiedo di porre attenzione alle varie parti del corpo dove quasi sicuramente potresti provare sensazioni o stati particolari, quali:
disturbi alla gola, dolori nella zona addominale bassa, sensazione che il sangue circoli faticosamente nelle gambe, pruriti cutanei.
E' importante localizzare questi punti perché sono quelli esatti che ci indicano dove il corpo di luce è talmente trafitto, praticamente bucato, che il dolore è arrivato ad interessare il corpo fisico. E' necessario scoprirli in quanto è proprio lì che andremo ad usare la vibrazione di guarigione delle essenze. Per capire come questo succeda dirò che la vibrazione delle essenze è in grado di riarmonizzare l'energia, 'cicatrizzando' il corpo di luce e ripristinando la trama del suo tessuto.

Le essenze per la ferita da umiliazione:

Olio essenziale di gelsomino: stimolante per l'amore di Sé permette di elaborare sentimenti repressi riportando pace e serenità interiori. Trasforma l'ansia provocata dalla sessualità aiutando a dissolvere le paure, il senso di disagio o di inadeguatezza sciogliendo i blocchi emozionali inerenti a questa sfera, facendoci apprezzare la bellezza della nostra umanità, dell'essere quell'UNO che attraverso l'unione dei corpi ritrova la sua divinità. Euforizzante, rafforzativo del carattere, stimola la volontà potenziando l'autostima; in questo modo la persona diventa molto più equilibrata e serena.

Olio essenziale di limone: tra le varie azioni di questa meravigliosa ed eclettica essenza ve n'è una che trova la sua perfetta applicazione per la ferita da umiliazione, infonde infatti grande coraggio e determinazione per raggiungere risoluzioni quando siamo costretti a subire oppressioni o angherie di varia natura. Aiuta e sostiene nel liberarsi dai condizionamenti presenti nella propria dinamica domanda/risposta fornendo un valido aiuto nel caso di disturbi ansiosi.

Olio essenziale di pompelmo: questa essenza è indicata nel trattamento della fame nervosa, favorisce infatti il normale funzionamento delle ghiandole endocrine che risiedono alla produzione degli ormoni regolatori delle funzioni primarie dell'organismo di cui la risposta corretta di fame/sazietà è un indicatore rilevante. Forte stabilizzante anche sul tono dell'umore, il pompelmo infonde una grande carica energetica. Diluito in olio vegetale, può avere una effettiva azione drenante e brucia-grassi in quanto stimola la circolazione linfatica, sciogliendo gli accumuli di adiposità localizzata e rassodando i tessuti fornendo un valido aiuto anche contro la cellulite.

Boccetta da 10 ml con contagocce.
Esempio di miscela tipica:
Olio di Jojoba come base
Gelsomino 2 gocce
Limone 2 gocce
Pompelmo 2 gocce.

<u>Come e dove si usano</u>:

Avrai già localizzato alcuni punti dove il corpo di luce è trafitto, sono esattamente quelli dove avrai percepito una sensazione particolare o dolorosa. Ecco, lì andrai ad usare le
essenze.
Metti due gocce di olio sulla punta delle dita, e applicale
massaggiando in **senso antiorario**!
Il senso antiorario ripristina la memoria originale del corpo
di luce lenendo la ferita e ricostruendo la trama energetica.
La sensazione di sollievo è quasi immediata.

Quando si devono usare:
Per tutta la durata del ciclo di 5 settimane per la guarigione
della ferita.
Al mattino, al pomeriggio e alla sera, si passano le gocce sui
punti.
Puoi usare le essenze anche ogni volta che senti 'quel' particolare fastidio.
Mentre passi gli oli al mattino e alla sera ti chiedo di ripetere
le affermazioni positive della ferita che intendi trasformare.

Affermazione classica per la ferita da umiliazione:
**«Trasformo la percezione dell'umiliazione nel coraggio
di sentire il mio valore. Riconosco di essere una scintilla
divina, unica e irripetibile. Capisco che ognuno è perfettamente responsabile della propria luce e che il mio
principale incarico è di brillare nel mondo attraverso la
gioia».**

N.B: Se ti sei riconosciuto in questa ferita, è probabile che
raramente ti sia capitato di dare importanza al tuo corpo. Il
profumo delle essenze e la sensazione di pienezza che consegue il pronunciare ogni volta l'affermazione, ti renderà con-

sapevole che il tuo corpo è il tuo tempio, lo sentirai finalmente collaborare e intonare una vibrazione nuova. Ecco,
qualcosa sta funzionando, cambiando, trasformando,
improvvisamente sentirai l'orgoglio di essere arrivato fin qui
e comincerai a sentire che qualcosa si espande dentro di te.
Sorridi quando sentirai questa sensazione, stai riscoprendo il
divino all'interno di te. Tu stesso lo sei!

IL POTERE DI GUARIGIONE DEI CRISTALLI:

Abbiamo già preso in considerazione, in apertura, l'enorme
potere curativo/vibrazionale dei cristalli. Anche per la ferita
da umiliazione esistono particolari pietre a supporto della
trasformazione.

Cristalli che puoi usare per la ferita da umiliazione:

Questo ulteriore strumento al pari degli altri ma in una
diversa prospettiva, ti aiuterà ad innalzare ancora di più la
tua vibrazione

Quarzo citrino: promuove la propria affermazione riequili-
brando il 3°chakra, rappresenta l'energia creativa messa al
servizio di fini superiori. Apporta grande energia per la con-
cretizzazione dei propri progetti e per l'auto-realizzazione.
Stimola il coraggio e la gioia di vivere regalando ottimismo a
chi la indossa.

Diaspro: un cristallo molto importante per questa ferita in
quanto stimola la capacità di combattere per i propri ideali e

il coraggio basato sulla consapevolezza del proprio valore, lo spirito d'iniziativa sostenuto dalla sicurezza in se stessi. Regala fiducia nella propria capacità di affrontare e risolvere le sfide senza abbassare la guardia sulla propria autostima.

Ematite: questo cristallo trigonale ricollega la luce dello Spirito al corpo fisico trasmettendo la gioia semplice dell'essere vivi. Aiuta a raggiungere i nostri scopi più elevati e a superare qualsiasi ostacolo, anche dovuto alla negatività. Ci fa sentire protetti e al sicuro rendendoci pronti ad affrontare qualsiasi sfida.

N.B: trova un negozio di minerali che ti garantisca che questi cristalli o pietre siano di origine naturale e non costruiti sinteticamente.
Questo è molto importante per ottenere l'effetto desiderato.
Ci sono anche dei siti su internet che offrono una buona qualità ad un buon prezzo.
Acquistate il tipo 'burattato' o le pietre allo stato grezzo si comprano con un costo, molto molto contenuto, di qualche euro.

Come si usano:
(Il quarzo citrino indossalo come ciondolo)

Per il diaspro e l'ematite:
Almeno 7 minuti al giorno, tieni il diaspro nella mano sinistra e l'ematite nella mano destra.
Puoi semplicemente tenerli in mano anche se stai guardando il tuo programma preferito alla tv, anche se stai parlando. La cosa importante è mantenere le pietre nella mano, per permettere al loro messaggio di penetrare profondamente.

Puoi portarle con te ovunque, dentro un sacchettino, meglio se di colore verde o oro. Oltre ai 7 minuti del metodo, puoi usarle quando più ti piace o quando semplicemente ne sentirai il bisogno. Dopo un forte stress, ad esempio, le puoi utilizzare tenendole nel palmo della mano mentre ripeti mentalmente la frase dell'affermazione per la ferita.

N.B: Le essenze e le pietre andranno usate per tutto il periodo di 35 giorni.

Al termine della prima settimana:
Avrai via via scritto sul quaderno le frasi che più ti sono risuonate e che ti riportano al perpetrarsi della ferita e, ogni sera, dovresti averle cambiate nel loro opposto.
A questo punto e già dopo questo breve periodo, attraverso l'uso delle essenze e dei cristalli, potresti aver già notato un cambiamento emozionale, sentire più leggerezza, più energia, maggiore lucidità, potresti aver sperimentato un senso di centratura o presenza e sentirti abbastanza forte e con lo stimolo giusto per continuare il percorso.
Se hai provato qualcuna o tutte queste sensazioni non avrai dubbi sul proseguire; tuttavia se ancora non fossero giunte non ti preoccupare, arriveranno tutte insieme e sarà ancora più liberatorio.
Andiamo.

Seconda settimana:

Eccoti alla seconda settimana. Ora, presumibilmente la sera o in un altro momento a te propizio, prenditi il tempo per scrivere sul quaderno tutto ciò che la parola UMILIAZIONE suscita nel tuo essere, puoi aiutarti pensando anche ai cinque sensi: Se fosse un sapore sarebbe.... e se fosse un colore, o un suono? Se potessi toccarlo cosa sentiresti? E' ruvido, è viscido è sfuggente... cosa sentiresti sotto le tue dita? E se infine fosse un odore? Ecco, lascia che giunga alla mente tutto ciò che la parola umiliazione suscita dentro di te e scrivilo.

Porta il quaderno sempre con te e usalo ogni qualvolta tu lo ritenga necessario.

Ti chiedo per questo lavoro, di non entrare nel personale.

Non: "Mi sento umiliata/o quando... etc. etc..."

Ma: "L'umiliazione è qualcosa che, una modalità che, un suono che..."

Il racconto dovrebbe risultare impersonale. Non parlare della tua realtà nel quotidiano ma di ciò che tu credi che sia quell'elemento.

Ricorda che stai lavorando negli strati profondi del tuo essere e questa è la modalità che trasformerà profondamente, durevolmente e in meglio, tutta la tua esistenza perciò non sottovalutare questa ricerca dentro di te.

Ricorda di usare le essenze e i cristalli e l'affermazione.

Terza settimana:

Olà, eccoci!

Siamo arrivati alla terza settimana, benissimo!

Come ti senti? In qualsiasi modo tu ti senta, sappi che siamo in piena trasformazione. Non soffermarti su nessuna sensazione come se fosse 'per sempre', è tutto rimodellabile.

Siamo in piena energia di rinnovamento ed è tutto perfetto!

Prova a fare qualcosa solo per te, osserva il mondo, i suoi rumori, gli odori, le piccole forme di vita, nota come tutto, anche il più piccolo sasso abbia un valore per la creazione.

Vai davanti allo specchio sorridi e afferma "Io valgo!"

Questo non c'entra con il Metodo MeG ma fa benissimo allo spirito. Prova.
Com'è stato?
Ok, bene.

Allentare un po' l'atmosfera può servire prima di iniziare questa settimana perché ora comincia il lavoro consapevole, quello che forse sarà più impegnativo e potrebbe anche farti avere dei ripensamenti sul percorso intrapreso verso la risoluzione.
Stai all'erta! L'Ego fa benissimo il suo lavoro di difesa, l'ha sempre fatto! Tieni a mente che lui NON VUOLE che tu ti avvicini a 'quel' punto specifico, per tutto questo tempo te ne ha tenuto lontano perché crede che se tu arrivassi a sentire quella particolare sofferenza, soccomberesti al dolore di ritrovarti piccolo, un luogo dove il dolore è quello di essere giustamente punito perché sporco e pieno di vergogna: MA QUESTO NON E' REALE!
Non è così! Tu ora sei in evoluzione e non hai più bisogno di quella modalità di difesa, anzi, proprio quella è diventata una delle sbarre di una specie di prigione self-made, una sensazione che ti impedisce di essere una persona fiera di sé con tantissimo valore, una persona pura e innocente. Una sensazione che non ti permette di 'volare', di godere della libertà serenamente se non come hai fatto fino ad ora e con le soluzioni che hai sperimentato fino a questo momento e che, se stai leggendo questo manuale, probabilmente non sono fonte di felicità per te.
Lo capisco, a volte è impegnativo da accettare ma rimani qui perché arriverà anche la parte in cui penserai di essere un leone, il Re della foresta. Te lo prometto!

Andiamo avanti fieramente.

Se l'ego avesse avuto la soluzione tu ora non avresti alcun problema!

Se l'ego nel suo database avesse registrato il modo di risolvere quel dato problema, ne avrebbe già usufruito risolvendolo, ti avrebbe già fornito gli strumenti adatti e ora saresti una persona più felice. Perché non lo sei?! Perché nel tuo ego-computer la soluzione non c'è, o perlomeno l'unica che ha trovato è quella che ha agito fino ad ora.

'E quindi?' Dirai. E quindi tu stai già mettendo in atto da due settimane un metodo che permetterà la creazione di nuovi circuiti, la formazione di una nuova consapevolezza che metterà informazioni nuove dentro il tuo software, in modo tale che sarà semplice articolare poi nuove e potenzianti e gioiose risoluzioni. Emergeranno anche i tuoi talenti. Perciò non mollare! Perché anche se lo fai, prima o poi dovrai ripassare da questa strada, prima o poi dovrai ritrovarti davanti a te stesso/a e allora perché non ora che sei nel cambiamento? Forza! Tu sei importante. Non permettere a nessuno di dire il contrario, neppure a te stesso/a.

Terza settimana dicevamo:

In questa settimana dovrai scrivere sul quaderno
"Tutte le volte che mi sono sentito/a umiliato/a, da quando sono nato/a fino ad ora"
Porta dietro il tuo quaderno e quando ti torna alla mente uno di quei momenti annotalo il più presto possibile.
N.B: Questa settimana Se è possibile, non aspettare!

Lo so che potresti essere al lavoro ma è importante anche solo che tu ti faccia un appunto per ricordarti l'evento che in seguito, con calma, trascriverai.

Abbiamo messo in atto una rivoluzione interiore: fai finta di osservare un impastatrice dall'alto; in questa pasta che si muove sono immersi dei pezzi diversi: puoi immaginare dei sassi dentro al cemento mentre viene impastato nella betoniera. Questi sassi possono essere visibili per qualche attimo ma poi vengono sommersi un'altra volta dal movimento della macchina, non sappiamo quando riemergeranno e nemmeno se riemergeranno, per questo è così importante annotare subito il ricordo, ogni nostro spiraglio nel passato e come uno di quei sassolini.

Potresti pensare: 'Ma sì, è una cosa talmente particolare, e poi è successa a me, non me ne dimenticherò. L'annoto dopo'.

Mi spiace dirtelo ma, di solito, non funziona così.

In quel momento potresti avere l'assoluta certezza che ricorderai ma quando avrai il tempo per scrivere è possibile che tu possa ritrovarti con gli occhi stretti a pensare e ripensare qualcosa che non riesci più ad afferrare.

Ecco perché può servire anche una piccola annotazione, una rete gettata sul sassolino per poi, al momento giusto, tirarlo su dal profondo.

Per sei giorni cerca di fare questo lavoro certosino. All'inizio potrebbe essere impegnativo cercare di ricordare, potrebbe sembrarti che non ci sia nulla ma piano piano un ricordo prenderà consistenza e poi un altro e un altro ancora e tutto diventerà più semplice.

Arrivato al settimo giorno ti chiedo di fare un altro sforzo, può essere che che questo percorso ti sembri faticoso ma ti prometto che sarà valsa la pena ogni più piccolo sforzo fatto).

Ti chiedo di rileggere quello che hai scritto come se tu fossi la persona che accusi di averti fatto sentire l'umiliazione, la persona che pensi ti abbia ferito. Ti chiedo di 'entrare' dentro di lei fino a guardare te con i suoi occhi. Ecco.

Ora: Hai davvero la certezza che la sua intenzione fosse quella? Pensaci un po' su. Stai lì e prendi coscienza di questa persona.

Voleva proprio umiliarti o quella è solo la percezione che ne hai avuto?

Domandati questo per ogni evento che hai descritto, non risponderti subito, prima ascoltati dentro.

Emergeranno varie emozioni, falle uscire! Pianto, rabbia, frustrazione... falle uscire.

Fosse anche prendere l'auto e parlare con se stessi. Andare in un parco e affidare le emozioni alla Terra. Se vuoi parlarne con qualcuno, ricorda di non chiedere scusa, di non sentirti di troppo, di non assumere un'aria di inferiorità. Stai facendo un percorso, come tutti, non c'è nulla da vergognarsi. Stai vincendo l'umiliazione. Tu, sei tu e nessun altro è come te.

Aiutati con le essenze, con le tue pietre e ripeti l'affermazione fino a quando non sentirai sciogliersi quel nodo nel petto.

Libera le memorie!

Lo so, può non essere semplice, ma se sei qui significa che hai la stoffa di chi sa lottatore sul serio! Ed è quello che stai facendo: stai lottando per la tua risoluzione, per poter avere gli strumenti che ti aiuteranno ad evolvere nella gioia. Per uscire alla Luce!

Forza. Sappi che il tuo Sé superiore ti assiste. Puoi chiedere aiuto alle guide, agli spiriti angelici che ti sono stati affidati fin dalla tua nascita in questa terza dimensione, oppure se non credi in questo prendi un grande giornale e comincia a strapparlo in piccoli pezzettini!

Qualsiasi modo che sia lecito, possa esserti di aiuto, usalo! L'importante è che tu possa vivere quelle emozioni fino in fondo.

Sarà importante, sarà doloroso, sarà magnifico! Alla fine di tutto questo potrai sentire che la vergogna non esiste che non c'è nessuna umiliazione!

Madre Teresa solea dire che il mare senza una goccia non è più lo stesso mare, io ti dico che il 'Tutto' senza di te non può più definirsi tale!

Perciò se tu fossi anche una sola goccia, risuoni dell'intero mare!

Non c'è vergogna ma fierezza, non umiliazione ma il coraggio di sentirsi creatore!

Quarta settimana:

Complimenti a te che sei qui. Chapeau! Hai proprio deciso di trasformarti ma voglio fare i complimenti anche a te, che magari hai fatto ritorno a questa lettura dopo aver effettuato una 'pausa ricreativa'.

Quindi lode a chi ha proseguito e lode a chi è ritornato.

L'ultimo passaggio non è stato facile, lo so per esperienza personale.

Perciò proseguiamo, ora credo che sarà più facile.

Memorandum:
Stai usando le essenze tutti i giorni?
E i cristalli?
E le affermazioni?

Per te che hai fatto la ricreazione di cui sopra: vai a rispolverare i tuoi strumenti e riprendili come esercizio quotidiano, non è cambiato nulla. Il tempo è relativo.
Andiamo avanti allora. Sistemati bene e ripartiamo.

Quarta settimana dicevamo:
In questa settimana riprendi a scrivere sul tuo quaderno, questa volta il titolo sarà;
"Tutte le volte che Io ho inflitto la ferita dell'umiliazione a me stesso e agli altri"
Eh già! Perché è proprio così che succede, l'esempio di comportamento che abbiamo ricevuto lo abbiamo agito anche su altre persone, inconsapevolmente certo, senza rendercene conto, ma lo abbiamo fatto. E udite udite! Prima di tutto proprio nei nostri confronti.

Quando ti sei umiliata/o?
Tutte le volte che ti sei sminuita/o, tutte le volte che non ti sei sentita/o all'altezza, tutte le volte che hai rinunciato pensando che quella cosa meravigliosa non faceva per te, ogni volta che hai scelto gli altri prima di stesso/a, ogni volta che hai ironizzato sulla tua persona davanti alle persone facendole ridere di te, ogni volta che hai preso su di te una responsabilità che non era la tua, ogni volta che fai qualcosa per farti amare di più quando le persone dovrebbero amarti per quello che sei e non per quello che fai. Tutte le volte che spendi poco per acquistare qualcosa per te perché non ti senti abbastanza importante.
Questi potrebbe essere alcuni esempi ma tu trova gli eventi nella tua esistenza.
Perciò iniziamo questa quarta settimana.
Sei a più della metà del percorso.
Per la modalità di scrittura vale quella che ho descritto per la terza settimana, ricordi? (Quando non puoi scrivere cerca di

annotare anche solo un accenno... i sassolini... la betoniera... etc.. etc... E ricordati che stai facendo questo per ritrovare il tuo valore, la tua fierezza, il tuo coraggio. Ecco.)

Giunto il settimo giorno, rileggi tutto ciò che hai scritto. Comprendi com'è facile entrare dentro questo meccanismo e come i tuoi genitori, che non hanno avuto la fortuna che hai tu ora, di avere gli strumenti adatti, non abbiamo fatto altro che riperpretare quello che è stato insegnato loro.

Tu, qui e ora, stai spezzando questa catena che lega genitori e figli da chissà quante generazioni. Ancora complimenti!

Quinta settimana:

Eccoci qui! Siamo pronti per la risoluzione?

Bene, perché anche questa settimana in alcuni momenti sarà una sfida, gran parte del percorso è stato fatto ma quest'ultimo lavoro per qualcuno potrebbe risultare repulsivo, per usare una parola semplice.
Perché ti starai chiedendo?
Eh! Te lo spiego subito: Perché si parla del perdono e perché la concezione del perdono è stata deviata, trasformata e di nuovo assemblata in qualche cosa che non trova più la strada diretta verso il cielo, verso il cuore.
Si crede che il perdono sia semplice buonismo quando invece è difendere se stessi. Nel caso delle ferite poi è palese, seguimi.

Intanto desidero aiutarti dicendoti che questa è l'ultima strenua difesa, l'ultima barriera, che l'Ego adopera per non farti
avvicinare alla ferita. Sulla porta d'ingresso c'è scritto:

"Tu mi hai fatto questo. Lo hai fatto e io non lo so se ho
voglia di perdonarti"

Ebbene se tu non perdoni la mamma o il papa' che si sono
comportati in un determinato modo, poi, come farai a perdonare te per lo stesso tipo di comportamento?!
Ora sarò un po forte, non sarò molto generosa e morbida
perché ritengo necessario mettere pochi fronzoli a quello
che sto per dirti. Avrei voluto usare l'impersonale ma preferisco parlarti direttamente come ho fatto fino ad ora. Abbi
pazienza e apri più che puoi la tua mente spazzando per
quanto possibile ogni preconcetto così da cogliere il significato profondo di quello che seguirà.
Vieni.
Si tratta di comprendere, oltre al fatto che il comportamento
è reiterato nelle generazioni, che già alla nascita eri qui
appositamente per guarire quella determinata ferita dell'a-
nima e che eri d'accordo con altre anime per nascere in quel
dato momento, da quel determinato genitore, per portare
avanti proprio quella particolare dinamica arrivando poi fino
alla trasformazione. Si tratta di capire che spezzerai la
catena solo e soltanto quando sentirai che l'anima di quel
genitore si è accollata il karma negativo per permetterti di
arrivare alla risoluzione.
Ti risuona? Ti è reale?
Questo è un momento cruciale, capire che non ci sono colpe.
Non c'è fallimento ma solo esperienza, collaborazione,
unione, amore.
Prenditi un po' di tempo per ragionarci sopra se necessario.

Ora che hai compreso, in questa settimana ti sperimenterai nel perdono di entrambi i genitori, attraverso i quali hai percepito la ferita dell'umiliazione, in maniera tale che essi non abbiano debiti karmici con te e perché la guarigione delle anime sia totale e non reiter-attiva.

Farai questo sapendo che ne beneficeranno anche le generazioni future, direttamente tue e della tua parentela.

Per la ferita da Umiliazione andremo a scrivere una lunga lettera di giustificazione e perdono per ogni genitore, una per il padre e una per la madre.

La lettera avrà per titolo:

"Mamma, ti giustifico e ti perdono per la ferita dell'umiliazione"

Prenditi tutto il tempo che ti serve durante questa settimana, **ma dovresti scrivere per soli 21 minuti alla volta.**

Dopo i primi venti minuti il cervello razionale prende il sopravvento e potresti ritrovarti a scrivere arzigogoli e distorsioni che poco hanno a che vedere con quello che originariamente era l'intento.

Quindi: timer 21 minuti. Via. Per ogni evento trova almeno un motivo di giustificazione con conseguente perdono per ciò che è accaduto.

Se, scaduto il tempo, resta ancora qualche cosa da scrivere riprendi in un secondo momento: Timer, altri 21 minuti e così via.

Fino alla completa eliminazione degli eventi.

Finito di scrivere la lettera per il genitore, non necessariamente nello stesso giorno, inizierai quella per te stesso/a, titolo:

"Mi giustifico e mi perdono per aver umiliato. Mi giustifico e mi perdono per essermi umiliato"

Questa lettera non è meno importante delle altre poiché se perdoni tutti ma non te stesso/a vivrai ancora con la sensazione che gli altri siano bravi e meritevoli e tu no, invalidando quindi tutto il lavoro svolto così faticosamente nelle settimane precedenti.

Perciò se ti sei riconosciuto/a totalmente o anche solo in parte, nella ferita da Umiliazione

QUESTA POTREBBE ESSERE UNA DELLE LETTERE PIU' IMPORTANTI DELLA TUA VITA, IL SIGILLO DELLA TUA AVVENUTA TRASFORMAZIONE.

Il settimo giorno prenditi un po' di tempo, chiuditi nella tua stanza oppure vai in un bosco, se hai la fortuna di abitare nelle vicinanze, o in riva al fiume.

In breve, trova un posto dove sia possibile stare in solitudine senza che nessuno possa venire a disturbarti.

Ci siamo. Ora mi metto in disparte per lasciarti la libertà di 'essere' esattamente quello che sei.

Trova un posto dove sentirti a tuo agio, un luogo che vibra con te; dirigiti dove il corpo ti porta... quello è il posto giusto.

A questo punto inizia a leggere a voce alta le tue lettere di giustificazione, verbalizzarle è molto molto importante. La voce è una vibrazione che mette in moto un processo di creazione, non per nulla nell'incipit di uno dei testi sacri più conosciuti si legge:

"All'inizio era il verbo. E il verbo era presso Dio. E il verbo era Dio" - Verbo - in latino Logos, Parola. La parola che crea come Dio stesso. Crea fuori ma soprattutto crea dentro: il nostro inconscio la sente e la prende per certa, ascolta quello che succede, il perdono delle ferite inferte e di quelle subite

Questa voce risuona dentro tutto il tuo mondo appianando le colline interiori, abbattendo i muri della comunicazione bloccata, facendo nascere gli alberi della risoluzione e

facendo sgorgare i fiumi della serenità interiore. Potranno allora sbocciare i fiori della gioia mantenendo una promessa antica che una grande anima ci fece:
'Farò sbocciare fiori anche là dove solo un momento prima vi era un arido deserto'.

Ecco... Come ti senti?
E' valsa la pena arrivare fin qui?
Ci sono stati momenti in cui avresti voluto mollare? Se sì, spero di essere stata la compagna di viaggio che ho desiderato essere quando ho preso questo impegno con te.
Ora dovresti avere la percezione chiara di come agisce ferita da Umiliazione e dovresti aver compreso che la chiave di volta per uscirne, ogni qual volta essa appare dentro di te è **SENTIRE LA FIEREZZA NEL CUORE DI RISCOPRIRTI UN ESSERE DIVINO.**

Ora ti lascio un esercizio che cambia il tuo campo morfologico quantistico, fallo ogni volta che ti sembra di non superare un impasse:

Durata dell'esercizio tre minuti.
Metti un timer ad 1 minuto.

Mano destra:
pollice, indice e medio uniti tramite i polpastrelli. L'anulare al centro della fronte un po' sopra le sopracciglia.
(questo vale per tutti e tre i minuti)

Mano sinistra:
Primo minuto sul terzo chakra, distanza 5 centrimetri.
Secondo minuto su tutti i denti.
Terzo minuto sul fegato.

Durante il terzo minuto ripeti anche mentalmente la frase sottostante.

"IO SONO FIERA/O DI ESSERE UNA PARTE DEL CREATORE"
"IO SONO FIERA/O DI ESSERE UNA PARTE DEL CREATORE
"
"IO SONO FIERA/O DI ESSERE UNA PARTE DEL CREATORE"

Perché tu sei una parte del Creatore di Tutto Ciò Che E' e come tale puoi ricreare la tua realtà!

Ora puoi prendere una pausa o incominciare con un'altra ferita che riconosci come parte di te, io sarò ancora al tuo fianco nel cammino, felice di poterti nuovamente accompagnare.

FERITA DA TRADIMENTO:

Ferita da tradimento o delle promesse non mantenute. Il risveglio di questa ferita avviene tra i due fino ai sette/otto anni di età dal genitore del sesso opposto per lo più ma non è scontato che possa essere anche il genitore dello stesso sesso.

Per tradimento qui si intende ogni qual volta viene tradita la fiducia, che sia una promessa non mantenuta o un'aspettativa delusa.

Durante i primi anni di vita il bambino è convinto di non dover controllare la propria realtà esteriore perché sono i genitori che si occupano di questo; è estremamente convinto che la mamma sia la detentrice del sapere e il babbo sia l'uomo più forte del mondo. Se interrogato su qualcosa che non sa o non conosce, andrà dalla madre nella convinzione assoluta che lei conosca la risposta, se invece si parla di forza fisica allora è il padre ad essere 'Il più forte di tutti!' a tal punto che "Se dovesse arrivare un leone ci pensa mio padre, lo uccide lui il leone!" questo vi dirà il piccolo, perché questo è quello in cui profondamente crede.

Per tale motivo non è portato ancora a controllare il mondo esterno, ne fa esperienza ma non pensa di doverlo controllare a livello organizzativo o di pericolo.

Può succedere però che proprio le persone nelle quali egli ripone la più assoluta fiducia siano quelle che improvvisamente lo feriscono, il padre o la madre che, contro ogni previsione, non solo non uccidono il leone ma addirittura rivoltano la loro aggressività contro di lui o lei nel caso di una bambina.

Uno schiaffone in pieno viso può scatenare la ferita!

Continui abusi verbali, fino ad arrivare agli abusi fisici veri e propri che portano ai massimi livelli la concezione di tradimento.

Dicevamo quindi che anche promesse ripetutamente non mantenute possono scatenare questa ferita e la comprensione improvvisa che dobbiamo essere noi a controllare il mondo che ci circonda poiché le conseguenze possono essere di vitale importanza. Per questo motivo la maschera che l'Ego viene a formare è quella del 'controllore'.

Il primo sintomo è l'ordine maniacale e il panico nel non ritrovare qualcosa della quale si conosceva perfettamente la collocazione, se questo qualcosa sfugge al controllo, se non è dove lui, inteso come Il Controllore, l'aveva collocato, allora potrebbe ragionevolmente anche entrare un treno dalla parete! Se le cose cominciano a 'muoversi' saltano tutti gli schemi di controllo e della verità di ciò che si conosce, cosi come quando viene messa in dubbio la veridicità delle sue parole, in quel caso si sente messo in discussione come se fosse uno che non ha capito niente e senza la comprensione esatta delle cose potrebbe ragionevolmente piombargli addosso un pianeta! Capite quanta fatica in questa ferita?

La maschera del controllore dice "Io! Io sono! Io posso! Io so!", tutto questo non deve assolutamente e mai essere messo in dubbio perché è proprio l'esistenza stessa a essere messa in forse con conseguente panico e manifestazione incontrollata di rabbia.

Il controllore è super organizzato, si interessa a tutto, sembra sapere tutto e quel che non sa se lo inventa, spesso e volentieri, traendo logiche conclusioni da nozioni acquisite.

È il classico narcisista che crede che il mondo ruoti attorno a lui. Fanatico dell'organizzazione e con il culto del fisico che sarà atletico, curato, palestrato. Ogni status symbol gli serve per avere sicurezza in più nel mondo, non ama trovarsi impreparato e non sopporta le persone che non mantengono gli impegni. Al contrario, quando è lui a non riuscire a far fronte agli impegni presi, trova sempre motivi validi e importantissimi o inderogabili impegni di lavoro che lo portano a non mantenerli.

Il Controllore è tutto preso dal suo mondo, non è in grado di entrare in empatia con gli altri perché ha chiuso il chakra del cuore per non sentire la sofferenza delle emozioni che lo portano a perdere il controllo di Sé. Non piange mai. L'unica emozione che riesce a fare uscire è la rabbia, perché ne ha tantissima da elaborare. La rabbia di non potersi fidare del mondo, perché se non ci si può fidare dei propri genitori, se sono loro i primi a farci del male o a non mantenere le promesse... allora lo faranno tutti.

Ma... al "controllore" questo non importa più. Crede di poter stare benissimo anche da solo, anzi, meglio! Perché così non ha bisogno di confrontarsi continuamente con qualcuno che vuole mettere in dubbio le sue affermazioni o consapevolezze.

In coppia tende ad unirsi con "ferita da umiliazione" che si lascerà sminuire fino a che non ritroverà il suo valore abbandonandolo miseramente e aumentandogli la sicurezza che non ci si può fidare di nessuno, che la "colpa è degli altri", mai sua!

Si innamora di "ferita da rifiuto" perché è l'unica che non mostra interesse ai suoi giochetti manipolatori e di potere, che non ci sta a sentirsi in colpa, che non entra in discussione con lui, lasciandolo alle sue elucubrazioni. Il controllore non riesce a credere che qualcuno possa non essere interessato alla sua bellezza o alla sua grande intelligenza, qualcuno che sfugge al suo controllo, specialmente dopo averlo conosciuto; ecco il motivo per cui ferita da rifiuto è l'unica ad avere la meglio su di lui, perché si chiude e perché, in realtà, davvero non gli importa degli schiamazzi rumorosi di ferita da tradimento.

Lo sguardo di queste persone è seducente, si può dire che facciano tutto con gli occhi che sono profondi e magnetici. Quando guardano una persona hanno il dono di farla sentire speciale, unica, sono seduttivi e manipolatori, oppure intimidiscono con un solo sguardo o ancora diventano minacciosi nascondendosi così dietro un'apparenza per non mostrare debolezza o vulnerabilità.

Fanno tutto ciò che è in loro potere per diventare persone importanti, con ruoli da manager o da leader, un capo che nutre grandi aspettative negli altri solo per valutare se può fidarsi di loro, se sono alla sua altezza. È un leader che non comprende la differenza tra autorevole e autoritario e va da sé che lui, autoritario come pochi, tiene sotto controllo i sottoposti tramite il timore o nella migliore delle ipotesi rendendosi veramente antipatico.

Vuole essere riconosciuto e ci riesce, sa essere un ottimo venditore, è quello di cui si dice:

"Riuscirebbe a vendere il ghiaccio agli eschimesi" e lo farebbe! Poiché il suo unico scopo è vendere per il gusto di avere la meglio, di essere riuscito a convincere, vincere; non è interessato all'utilità, non gli importa del vostro tornaconto anche se è bravissimo a farvelo credere.

Scritta così, ferita da tradimento sembra quanto di più esecrabile e disonesto ci possa essere e in parte può sembrare vero ma non dimentichiamoci del motivo per cui il nostro Ego fa nascere la maschera, la sofferenza primaria che fa scaturire la difesa e la successiva modalità per riuscire a sopravvivere senza sentire quell'infinito dolore che dice: "Non posso fidarmi di nessuno nemmeno dei miei genitori".

Fortunatamente poi ognuno di noi non è mai puramente una sola ferita per cui le varie modalità si alterneranno via via a seconda dello stimolo/risposta.

La sfida per il controllore è accettare di imparare, e anche riuscire a offrire una seconda possibilità nella comprensione che la debolezza è umana.

Non riesce a fidarsi completamente nemmeno di se stesso per cui le frasi che spesso lo si sente pronunciare sono:

"Non mi fido di lui/lei"

"Fidati di me"

"Non hai capito!"

"Cerca di comprendere!"
"Fai sempre quello che ti pare!"
"Faccio da solo"
"Hai capito?"
"Dovresti solo ringraziarmi"
"Io sono una persona onesta"
"L'hai voluto tu!"

o anche
"Io ho sempre dimostrato quello che valgo"
"Sono solo degli invidiosi"
"Non è vero..."
"Io sono il vero martire in questa faccenda"

Fisicamente:

Il fisico di ferita da tradimento è imponente, solitamente alto ma può essere anche di altezza normale, le spalle però saranno larghe per l'uomo mentre la vita sarà comunque più stretta, come invece i fianchi saranno larghi nella donna.
Ama tenersi in forma perché per lui quello che conta di più è apparire.
Petto in fuori per mostrare importanza e prestanza fisica, ecco come riconoscerlo.
Come dicevamo prima ha occhi molto seduttivi e magnetici e, in ultima istanza, esprime sicurezza e forza con tutto il suo incedere. Tipico nella donna il cosiddetto 'muove con gli occhi'. Sono occhi dai quali non si fugge, se ferita da tradimento è nella stanza prima o poi incontrerai i suoi occhi seduttivi e se ha deciso che tu sei la sua preda... si salvi chi può!

Disarmonie:

Le disarmonie di cui soffre il controllore sono spesso di origine psichica, legate alla paura di perdere il controllo e potrebbero trasformarsi, ad esempio, in l'agorafobia o paura del vuoto, o qualsiasi altra fobia da controllo.
Oppure potrebbero essere collegate al quarto chakra con tutto ciò che è connesso alla chiusura de cuore, come ostruzione delle coronarie o infarto.
O ancora legate alla pelle, come la psoriasi, connaturate alla poca capacità di tolleranza nei confronti del mondo esterno per il quale la pelle rappresenta il confine.
Anche le neoplasie potrebbero rientrare nelle patologie di questa ferita essendo legate sia al disamore per la vita sia alla perdita di controllo delle cellule coinvolte.
È quindi importantissimo anche per ferita da tradimento la risoluzione completa per spezzare la catena familiare che lo porta a riverberare le disarmonie karmiche familiari anche nel senso di benessere fisico.

Anche risolvendo Tradimento si avranno sblocchi in vari ambiti della propria vita che ora risultano essere attaccati dalla particolare dinamica di questa ferita.
Maggiore calma di fronte agli imprevisti, più facilità a delegare con conseguente capacità di potersi fidare degli altri.
Maggior senso dell'umorismo, il controllore prende tutto molto sul serio, anche una semplice battuta, a lui rivolta, verrà spiegata e analizzata, in quanto, finché non è risolta, questa ferita non è capace di ironia. Monopolizza la conversazione al punto da risultare logorroico alle persone coinvolte, o con manie di protagonismo, ancor di più se sono sconosciute perché ci terrà a rimanere impresso nella mente di chi lo ascolta per la prima volta come uno intelligente, uno da stimare. In realtà viene catalogato come uno che vuol

sempre aver ragione, uno che non lascia parlare gli altri, che crede di avere la verità in tasca, uno a cui in fondo non interessa l'opinione altrui ma ascoltare la propria voce compiacendosi. Siccome però risulta anche una persona irascibile, nessuno ha il coraggio di dirglielo (a parte che direbbe che non è vero) e quindi si ritrova incompreso nella propria solitudine. Spesso diventa un personaggio pubblico, o perché famoso o perché rappresenta una qualche autorità, in questo caso sarà comunque una persona ricercata, ma, ahimè! Più per ciò che rappresenta, per la sua carica, che per ciò che è veramente.

Ecco che, una volta risolta la ferita, le conversazioni diventano più distese, armoniose e con maggior capacità di osservazione anche su se stessi. Si avranno guadagni maggiori e più stabili e credo che questo sia oggetto di interesse per ferita da tradimento che sia arrivata a leggere fin qui; se non altro per aggiungere qualcosa di nuovo al proprio sapere, che potrebbe anche essere uno dei motivi per cui il controllore si sia avventurato nella la lettura di questo manuale.

Dopo che la ferita è stata risolta acquisirà la giusta autorevolezza con la capacità di dare gratificazioni ad ognuno nel proprio ambito, in questo modo si riuscirà a portare a termine gli obiettivi riuscendo a mantenerli nel tempo. Potendo fidarsi degli altri otterrà anche la loro fiducia, imparando ad ascoltare avrà molte più opportunità e, con l'intelligenza e la scaltrezza tipiche di questa ferita, una volta risolta, riuscirà là dove tanti hanno provato senza mai arrivare.

Ora Tradimento può finalmente iniziare a credere che ci sia qualcosa di più che la semplice materia e, accettandolo, inizierà ad affidarsi al divino che finalmente riprende il suo posto aprendo un nuovo mondo di sapere energetico dove potrà entrare con fiducia per imparare cose nuove.

Cosa fare?
Metodo MeG
o delle 5 settimane.

<u>**Prima settimana:**</u>

Ora voglio parlare proprio con te anima Leader.

So bene cosa significa sentirsi traditi nell'intimo, non potersi fidare di nessuno perché le persone di cui ti saresti dovuto fidare a prescindere, sono quelle che invece ti hanno fatto del male. So cosa significa sentirsi davvero soli, non la solitudine di ferita da abbandono ma la solitudine vera! La solitudine degli atei. La solitudine di chi arriva primo ma non ha nessuno di cui si fida veramente con cui festeggiare la propria vittoria.

Non ti chiedo di fidarti di me, né di seguirmi, ti chiedo: "Mettiti accanto a me, metti la distanza che credi, camminiamo insieme e vediamo dove questo cammino ci porta. Vuoi?"

Faccio questo perché conosco il potere di questa risoluzione, faccio questo perché conosco la paura di 'vorrei fidarmi ma... non posso', conosco l'Ego quando dice "Tanto sai già come va a finire, tutte ca...ate!?".

Conosco questo stato d'animo e so che lì, dietro a quella corazza durissima, e credo sia la più dura di tutte, appena lì dietro, c'è solo un bambino ferito che vuole ancora potersi aprire al mondo e giocare leggero.

Ti chiedo di camminare con me per un po' e di eseguire gli esercizi di questo semplice metodo. Sei arrivato fin qui e non hai nulla da perdere non trovi?

SO CHE DENTRO DI TE HAI LA FORZA TRAINANTE DEL LEADER!

Sarò qui per incitarti a proseguire dal momento che conosco la trasformazione finale e desidero ardentemente che tu arrivi a sentire quel battito più forte che è la tua vita stessa.

Sono onorata che tu sia qui! Cominciamo questo viaggio. Mi fido di te.

Ora vai e comprati un bellissimo quaderno, compralo come vuoi tu. Sarà come un fedele compagno per tutto il cammino. So che ti piace la precisione, organizzare, annotare, e che non ti sfugge niente. In mezzo alla giungla è sicuramente te che mi piacerebbe avere vicino, sei un capo e sai esattamente dove andare, fiuti il pericolo da lontano e sai portare in salvo.
Bene! Questa volta portiamo in salvo il tuo piccolo bambino interiore. C'è un drago da affrontare e solo tu sei in grado di sconfiggerlo.
Cominciamo: questa settimana dovrai annotare tutte le parole e le frasi tipiche di questa ferita.
Metti attenzione a tutte le volte che non lasci che gli altri finiscano il loro discorso presupponendo di sapere in anticipo ciò che vogliono dire, certo, spesso hai ragione, ma poi quando gli altri fanno così con te non è piacevole, no? Oppure tutte le volte che emetti un giudizio che accusa l'altro e salva te stesso. Oppure tutte le volte che ti alteri e vai su tutte le furie e dici cose. Tutte le volte che dai la colpa agli altri per quello che succede. Tutte le volte che non riesci a delegare,o anche quelle dove riesci a manipolare le persone facendole fare esattamente ciò che vuoi tu e non ciò che avrebbero voluto loro.
Ti faccio qualche esempio: "No!Non hai capito!" , "Cerco di spiegartelo ma tu non vuoi capire", "Sono tutti contro di me", "Capisci? Sono tutti fuori di testa! Arroganti, saccenti"
"Non ci si può proprio fidare!", "Non hai capito quello che volevo dire, io, volevo dire che... ma se mi lasci spiegare!"
"Parli sempre tu!" "Meglio che faccia da solo", "Chi fa da se fa per tre", "Avrebbe dovuto ringraziarmi!", "Cosa dovrei fare io? Ci sono gli idraulici per quello (o gli elettricisti, o la lavandaia, o la pasticcera etc)", "Mi dispiace non sono riu-

scito/a a venire perché...."(analizza quello che stai dicendo, tu lo sai se è una scusa! Puoi annotare sul quaderno) "Sono solo degli invidiosi", "Non è vero!", "Hai assolutamente bisogno di questo!", "Ti giuro!E un film bellissimo! Non può non piacerti!"

Ti sto suggerendo molti esempi perché per chi è abituato a guardare fuori di sé, tipico di chi sta in difesa, è impegnativo fare auto-osservazione. In più per te fare autocritica può risultare davvero sgradevole. Allora fingi di essere un medico, annota tutto meticolosamente. Osservati dall'esterno. Ricorda sempre l'obiettivo.

Alla fine della giornata prenditi un po' di tempo per questo allenamento: ribalta ogni frase o avvenimento nel suo opposto positivo:

Tipo: "Finisci pure il discorso, dopo ti spiego il mio punto di vista", "Può essere anche come dici tu, non è questione di ragione ma di prospettiva", "Se vuoi aiutarmi ti spiego perché ho scelto proprio te per questo lavoro", "Mi hanno detto che è un film veramente bello, se non ti piace la prossima volta puoi scegliere tu" e cosi via.

L'importanza delle essenze:

Ora ecco per te il secondo strumento di questo metodo.

Durante i primi sette giorni, quando ti accorgerai di usare le caratteristiche frasi o parole, ti chiedo di porre attenzione alle varie parti del corpo dove quasi sicuramente potresti provare sensazioni o stati particolari, quali:

Crampi muscolari, irrequietezza, ansia, trafitture, senso di pesantezza...

E' importante localizzare questi punti perché sono quelli esatti che indicano dove il corpo di luce è talmente trafitto, praticamente bucato, che il dolore è arrivato ad interessare il corpo fisico. E' necessario scoprirli in quanto è proprio lì che andremo ad usare la vibrazione di guarigione delle essenze.

Per capire come questo succeda dirò che la vibrazione delle essenze è in grado di riarmonizzare l'energia, 'cicatrizzando' il corpo di luce e ripristinando la trama del suo tessuto.

Le essenze per la ferita da Tradimento:

Olio essenziale di Cedro del Libano: nell'antico testamento si narra che con il legno del cedro del Libano vennero edificate le colonne del tempio di Re Salomone; da sempre il pregiato cedro del Libano, possente e maestoso, è simbolo di potenza e forza. Calmante del sistema nervoso centrale, dona forza e vigore infondendo al contempo saggezza e calma. Sembra che abbia notevole azione antitumorale relativa al tratto del colon. E' usato per prevenire alcune patologie cardiovascolari per la particolarità di questo agrume, di avere una quantità eccezionale di flavonoidi, considerati potenti antiossidanti. Per questo, tra l'altro, è diventato l'emblema della "Giornata nazionale del malato oncologico".

Olio essenziale di cipresso: questo olio essenziale viene usato per riequilibrare il sistema nervoso centrale, consigliato per uso esterno a chi soffre di circolazione, sembra che abbia effetti positivi nel contrastare la formazione di edemi ed è un ottima soluzione per gli ematomi.
Ottimo coadiuvante per superare la perdita di persone care o la fine di una storia d'amore.

Olio essenziale di Patchouli: questa essenza è armonizzante e ispira il sentimento di ritrovata intimità con se stessi. Tonificante e stimolante ma risulta anche calmante in caso di stress. Ha proprietà antiinfiammatorie, antifungine e si può usare contro le infezioni che attaccano la cute. E' un cicatrizzante. Svolge un'azione riparatrice dei tessuti, trova la sua utilità contro i disturbi come la dermatite e la psoriasi.

Boccetta da 10 ml con contagocce.
Esempio di miscela tipica:
olio essenziale di Cedro 3 gocce
Cipresso 2 gocce
Patchouli 1 goccia.

Come e dove si usano:

Avrai già localizzato alcuni punti dove il corpo di luce è trafitto, sono esattamente quelli dove avrai percepito una sensazione particolare o dolorosa. Ecco, lì andrai ad usare le
essenze.
Metti due gocce di olio sulla punta delle dita, e applicale
massaggiando in **senso antiorario!**
Il senso antiorario ripristina la memoria originale del corpo
di luce lenendo la ferita e ricostruendo la trama energetica.
La sensazione di sollievo è quasi immediata.

Quando si devono usare:
Per tutta la durata del ciclo di 5 settimane per la guarigione
della ferita.
Al mattino, al pomeriggio e alla sera, si passano le gocce sui
punti.
Puoi usare le essenze anche ogni volta che senti quel particolare fastidio.
Mentre passi gli oli al mattino e alla sera ti chiedo di ripetere
le affermazioni positive della ferita che intendi trasformare.

Affermazione per ferita da Tradimento:

**"Trasformo la percezione del tradimento nella capacità
di affidarmi alla mia consapevolezza interiore, ritrovando la mia parte divina. Riconoscendo il divino in me,
riconosco la promessa mantenuta. Mi invade la calma, la
serenità e ritrovo l'amore per la vita."**

N.B.: Se ti sei riconosciuto in questa ferita sai che il tuo corpo è importante, probabilmente conosci e ti inebri già con il profumo delle essenze, eppure mettendole in questo modo e pronunciando l'affermazione a loro collegata, sentirai qualcosa di nuovo, una sensazione che ti mancava da tanto e che somiglia molto al sentire l'essenza stessa della vita.

Quando sentirai questa sensazione, assaporala fino in fondo, chiudi gli occhi e tuffati dentro te stesso come nell'acqua chiara di una piscina refrigerante che si trasforma nell'acqua azzurra di un mare tropicale. Immergiti. Ritrovati.

Poi apri gli occhi, guardati allo specchio e sorridi. Hai sentito?
Quella bellezza che hai appena sentito è il tuo Sé Divino.

Sei tu, continua a sorridere.

IL POTERE DI GUARIGIONE DEI CRISTALLI:

Abbiamo già preso in considerazione, in apertura, l'enorme potere curativo/vibrazionale dei cristalli. Anche per la ferita da tradimento esistono particolari pietre a supporto della trasformazione.

Cristalli che puoi usare per la ferita da tradimento:
Questo ulteriore strumento al pari degli altri ma in una diversa prospettiva, ti aiuterà ad innalzare ancora di più la tua vibrazione.

<u>Occhio di tigre</u>: Rende capaci di concretizzare le proprie idee, dona integrità e spirito d'iniziativa. Aiuta ad essere fiduciosi in se stessi e a non perdere la motivazione
Riconnette cielo e terra rendendo ottimisti sui risultati.

<u>Quarzo ialino fumé</u>: Stimola la sicurezza di potercela fare, affrontando la fatica e le situazioni difficili aiutando a realizzare I propri sogni nella realtà fisica. Stimola la progettualità e la motivazione. Spinge ad accettare la responsabilità personale. Riequilibra il sistema nervoso e favorisce il flusso delle energie sottili.

<u>Chiastolite</u>: Aiuta a raggiungere I propri obiettivi. Libera dalla paura di perdere il controllo.

Rende obiettivi e capaci di osservare con tranquillità una situazione critica tranquillizzando il nervosismo. Protegge dall'invidia e dalla negatività. Si dice che Abramo Lincoln ne portasse sempre una al collo.

N.B: trova un negozio di minerali che ti garantisca che questi cristalli o pietre siano di origine naturale e non costruiti sinteticamente.

Questo è molto importante per ottenere l'effetto desiderato. Ci sono anche dei siti su internet che offrono una buona qualità ad un buon prezzo.
Acquista il tipo 'burattato' o le pietre allo stato grezzo, si comprano con un costo molto molto contenuto, di qualche euro.

Come si usano:

(La chiastolite puoi indossarla come un ciondolo di grande protezione)
Per l'occhio di tigre e il quarzo fumè:

Almeno 7minuti al giorno, tieni l'occhio di tigre nella mano sinistra e il quarzo fumé nella mano destra.

Puoi semplicemente tenerli in mano anche se stai guardando il tuo programma preferito alla tv, anche se stai parlando. La cosa importante è mantenere le pietre nella mano, per permettere al loro messaggio di penetrare profondamente.

Puoi portarle con te ovunque, dentro un sacchettino, meglio se di colore verde o oro. Oltre ai 7 minuti del metodo, puoi usarle quando più ti piace o quando semplicemente ne sentirai il bisogno. Dopo un forte stress, ad esempio, le puoi utilizzare tenendole nel palmo della mano mentre ripeti mentalmente la frase dell'affermazione per la ferita. Specialmente dopo una forte arrabbiatura troverai sollievo dal tenerle nelle mani, l'occhio di tigre scaricherà tutta l'energia in eccesso mentre il quarzo ti ripulirà da quella non positiva.

N.B: Le essenze e le pietre andranno usate per tutto il periodo di 35 giorni.

<u>Al termine della prima settimana:</u>
Avrai via via scritto sul quaderno le frasi che più ti hanno risuonato e che ti riportano al perpetrarsi della ferita e, ogni sera, dovresti averle cambiate nel loro opposto.

A questo punto e già dopo questo breve periodo, attraverso l'uso delle essenze e dei cristalli, potresti aver già notato un cambiamento emozionale, sentire più leggerezza, più energia, un momento in cui hai aperto le braccia lasciandoti portare da una musica, potresti aver sperimentato un senso di centratura o 'presenza', pace mentale, sentirti abbastanza forte e con lo stimolo giusto per continuare il percorso.

Se hai provato qualcuna o tutte queste sensazioni non avrai dubbi sul proseguire; tuttavia se ancora non fossero giunte non ti preoccupare, arriveranno tutte insieme e sarà ancora più liberatorio.

Continuiamo a camminare?

Seconda settimana:

Eccoci alla seconda settimana. Ora, presumibilmente la sera o in un altro momento a te propizio, prenditi il tempo per scrivere sul quaderno tutto ciò che la parola TRADIMENTO suscita nel tuo essere, puoi aiutarti pensando anche ai cinque sensi, tipo: Se fosse un sapore sarebbe e se fosse un colore o un suono? Se potessi toccarlo cosa sentiresti? E' ruvido, è viscido è sfuggente, cosa sentiresti sotto le tue dita? E se infine fosse un odore? Ecco, lascia che ti giunga alla mente tutto ciò che la parola tradimento suscita dentro di te e scrivilo. Porta il quaderno sempre con te e usalo ogni qualvolta tu lo ritenga necessario.
Ti chiedo per questo lavoro di non entrare nel personale.
Non: "Mi sento tradita/o quando... etc. etc..."
Ma: "Il tradimento è qualcosa che, una modalità che, un suono che..."
Il racconto deve risultare impersonale. Non deve parlare della tua realtà nel quotidiano ma di ciò che tu credi che sia quell'elemento.
Ricordati che stai lavorando negli strati profondi del tuo essere e questa è la modalità che trasformerà profondamente, durevolmente e in meglio, tutta la tua esistenza perciò non sottovalutare questa ricerca dentro di te.
Ricordati di usare le essenze e i cristalli e l'affermazione.

Terza settimana:

Wow! Siamo arrivati alla terza settimana.
Bello che tu sia ancora qui. Come ti senti? In qualsiasi modo tu possa sentirti, non mollare ora.
Te lo chiedo espressamente perché so che in questo momento sei in piena trasformazione, potresti avere voglia di catalogare tutto come stupidaggine o qualsiasi altra cosa

ma siamo in piena energia di rinnovamento e se sei arrivato fin qui significa che ti sei fidato quindi, ti prego, continua a farlo. Non c'è nulla di meglio del profumo della vittoria su se stessi perché la coppa che alzi al cielo... sei tu!

Ora ti chiedo di andare davanti allo specchio e sorriderti, cerca di provare amore per il tuo riflesso ma ancora meglio cerca di vedere quel piccolo bambino all'interno di te.

Guardalo! Sta aspettando che tu lo tiri fuori da lì, ti sta aspettando. Non puoi tradirlo.

Ha bisogno di te e tu di lui. Fagli una promessa e digli che la manterrai qualsiasi cosa succeda:

"Qualsiasi drago ci sia la fuori, io lo sconfiggerò e ti tirerò fuori di lì! Te lo giuro!"

Guarda i suoi occhi alzarsi verso i tuoi.

Lui crede in te.

Andiamo avanti insieme.

Ti condurrò da lui.

Ora cominciamo a stare all'erta! L'Ego (il Drago) fa benissimo il suol lavoro di difesa, l'ha sempre fatto. E quindi si opporrà con tutte le sue forze, non vuole che tu ti avvicini al tuo bambino ferito perché ha paura che anche tu voglia fargli del male, quindi, lo difenderà con ogni mezzo. Ti sussurrerà che stai facendo tutto questo per nulla, che stai seguendo l'ennesima sciocchezza dei guru che non portano a niente se non a riempire le loro le tasche ma... vedi... tu hai già acquistato il mio libro... che scopo avrebbe dunque il mio metterti in guardia? Ricorda LA MENTE MENTE! Ma lo fa unicamente credendo di difenderti, il fatto è che quella difesa ora è diventata anche la tua prigione. Quella modalità che ti ha permesso di crescere senza soccombere al dolore della ferita, ora che sei cresciuto non ti serve più, anzi... si oppone alla tua crescita ulteriore. Dobbiamo spaccare quel guscio, riaprire quel cuore.

116

<u>RICORDATI QUESTO</u>:
Se il drago-ego avesse avuto la soluzione tu ora non avresti alcun problema!
Lui la soluzione non ce l'ha, o meglio, l'unica che ha è tenerti rinchiuso.

Se l'ego nel suo database avesse registrato il modo di risolvere quel dato problema, ne avrebbe già usufruito risolvendolo, ti avrebbe già fornito gli strumenti adatti e ora saresti una persona più felice.
Amata da tutti, serena, senza ansie, senza stress.
Perché non lo sei?! Perché nel tuo ego-computer la soluzione non c'è, o perlomeno l'unica che ha trovato è quella che ha agito fino ad ora.
"E quindi?" dirai. E quindi tu stai già mettendo in atto da due settimane un metodo che permetterà la creazione di nuovi circuiti, la formazione di una nuova consapevolezza che metterà informazioni nuove dentro il tuo software, in modo tale che sarà semplice articolare poi nuove e potenzianti e gioiose risoluzioni. Emergeranno anche talenti che non pensavi nemmeno di avere.
Perciò non mollare! Perché anche se lo fai, prima o poi dovrai ripassare da questa strada, prima o poi dovrai reimpastarti e allora perché non ora, intanto che sei nel cambiamento.
Sei tu il tuo leader!
Andiamo avanti. Ora niente più ripensamenti! Andiamo fino in fondo, vieni?

Terza settimana dicevamo:
Hai sempre quel meraviglioso quaderno che hai comprato?
Perché mi sembra di vederlo dentro una custodia di cuoio?
Forse perché l'eleganza ti contraddistingue.

Ora, scrivi questo titolo:

"Tutte le volte che mi sono sentito/a tradito/a da quando sono nato/a fino ad ora."

inizia a scrivere ciò che ti torna alla mente, poi per una settimana ogni volta che ti torna alla mente qualcosa o lo scrivi subito o ti suggerisco di farti subito un'annotazione.

Lo so che potresti essere al lavoro ma è importante anche solo che ti faccia un appunto per ricordarti l'evento che in seguito, con calma, trascriverai.

Ricorda che abbiamo messo in atto una rivoluzione interiore: fai finta di osservare un impastatrice dall'alto; in questa pasta che si muove sono immersi dei pezzi diversi: puoi immaginare dei sassi dentro al cemento mentre viene impastato nella betoniera. Questi sassi possono essere visibili per qualche attimo ma poi vengono sommersi un'altra volta dal movimento della macchina, non sappiamo quando riemergeranno e nemmeno se riemergeranno per questo è così importante annotare subito il ricordo, ogni nostro spiraglio nel passato e come uno di quei sassolini, magari potresti pensare: "Ma sì, è una cosa talmente particolare, e poi è successa a me, non me ne dimenticherò. L'annoto dopo".

Mi spiace dirtelo ma troppo spesso non funziona così. In quel momento ti sembrerà di avere l'assoluta certezza che ricorderai ma quando avrai il tempo per scrivere potresti ritrovarti con gli occhi stretti a pensare e ripensare qualcosa che raramente riuscirai ad afferrare.

Allo scopo può servire anche una piccola annotazione, una rete gettata sul sassolino per poi, al momento giusto, tirarlo su dal profondo.

Per sei giorni ti chiedo di fare questo lavoro certosino dentro di te, all'inizio potrebbe sembrare impegnativo, magari potrebbe sembrarti di non ricordare nulla ma pian piano i ricordi emergeranno, prima uno poi un altro e tutto diventerà più semplice a mano a mano che passa questo tempo.

Arrivato al settimo giorno ti chiedo di fare un altro sforzo (potresti pensare che questo percorso sia faticoso ma ti prometto che sarà valsa la pena ogni più piccolo sforzo che avrai fatto).

Ora ti chiedo di rileggere quello che hai scritto come se tu fossi la persona che accusi di averti tradito, la persona che pensi ti abbia ferito non mantenendo le sue promesse o, ancora peggio, abusando del proprio ruolo, della propria autorità, in qualsiasi modo.

Ti chiedo di 'entrare' dentro di lei fino a guardare con i suoi occhi. Ecco.

Ora: "Hai davvero la certezza che la sua intenzione fosse quella? Pensaci un po'. Prova a rimanere lì e a prendere coscienza di questa persona. Cosa sente? Cosa prova? Voleva proprio fare quello che ha fatto o quella è solo la percezione che ne hai avuto?"

Forse in realtà, per qualche suo motivo non ha potuto, più che voluto, agire diversamente.

Può essere? Forse è una persona che ha acquisito quel modo di essere o di fare, da qualcuno che ha agito su di lui/lei in quel modo. Forse è una persona disturbata.

Forse non ha mantenuto la promessa perché davvero non ha potuto farlo.

Ascoltati...

Domandati questo per ogni evento che hai descritto, non risponderti subito, prima ascoltati in profondità.

Emergeranno varie emozioni, falle uscire! Pianto, rabbia, frustrazione... falle uscire.

Se vuoi, ora, è il momento di chiamare il tuo migliore amico/a e cominciare veramente ad aprirti con qualcuno, senza retro-pensieri, solo aprirti, hai qualcuno di cui ti puoi fidare? Altrimenti prendi un cuscino e prova a sfogarti dandogli pugni più forti che puoi, ancora e ancora e ancora... vai a fare un giro in auto in aperta campagna e urla più forte che puoi, sfoga la tua rabbia! Tutta! Fuori da te.

Sul bersaglio giusto! E quel bersaglio di solito, per ferita da tradimento, è soltanto uno: Dio.

Ecco con chi ce l'hai veramente! Quella divinità che "sicuramente non c'è perché se ci fosse non avrebbe permesso che un esserino così piccolo soffrisse in quel modo" ecco cosa ti vai ripetendo da sempre.

Lo so, conosco quella sensazione ma più avanti scoprirai una cosa importante.

Per ora:

Aiutati con le essenze, con le tue pietre e ripeti l'affermazione fino a quando non sentirai sciogliersi e poi aprirsi, quel nodo, quel peso che da sempre porti in mezzo al petto.

Apri il tuo cuore. Libera le memorie!

Lo so non è semplice, ma se sei qui significa che hai la stoffa di chi sa lottatore sul serio! E' quello che stai facendo: stai lottando per la tua risoluzione, per poter avere gli strumenti che ti aiuteranno ad evolvere nella gioia. Per uscire alla Luce!

Lo so, tu credi solo in te stesso, o nel potere, nelle cose materiali ma credo che nemmeno tu, in questo momento storico, possa non sapere che tutto è energia, che alla base del materiale più duro e prezioso: il diamante, si cela una semplice molecola e ancora, più in profondità, un atomo, un piccolo atomo fatto al 99% (sono le nuove coperte della fisica) di energia, pura purissima energia e come tu ben saprai, il carbonio si trova alla base della stessa vita, anche della tua. Comprendi?

Sei tu il diamante! Sei tu l'energia! E come tale puoi trasformare tutto ciò che vuoi, basta solo prenderne consapevolezza.

Quarta settimana:

Complimenti a te che sei qui. Chapeau! Hai proprio deciso di trasformarti ma voglio fare i complimenti anche a te, che magari sei qui dopo aver effettuato una 'pausa ricreativa'.
Quindi lode a chi ha proseguito e lode a chi è ritornato.
L'ultimo passaggio è stato impegnativo, lo so per esperienza personale.
Perciò proseguiamo, ora credo che sarà più semplice.

Memorandum:
Stai usando le essenze tutti i giorni?
E i cristalli?
E le affermazioni?

A te che hai preso un momento di pausa, prima di continuare,: chiedo di andare a rispolverare i tuoi strumenti e riprenderli come esercizio quotidiano, non è cambiato nulla.
Il tempo è relativo.

Andiamo avanti allora.
Continuiamo a camminare fianco a fianco, ti guardo di sottecchi e vedo il tuo sorriso, è più bello ora, più vero; oserei dire più... tenero.
Può essere?

Quarta settimana dicevamo:
In questa settimana riprendi a scrivere sul quaderno, questa volta il titolo sarà:

"Tutte le volte che io ho inflitto a me stesso e agli altri la ferita da tradimento"

Eh già! Perché è proprio così che succede: l'esempio di comportamento che abbiamo avuto lo abbiamo agito anche su altre persone, inconsapevolmente certo, senza rendercene conto, ok! Ma lo abbiamo fatto. E... udite udite! Prima di tutto proprio nei nostri confronti.

Quando ti sei inflitto o ti infliggi, la ferita da tradimento?

Tutte le volte che ti definisci attraverso ciò che hai per coprire l'insicurezza che provi. Tutte le volte che ti riprometti di fare quella cosa che è tanto che aspetta di essere conclusa e poi puntualmente te ne dimentichi. Tutte le volte che accampi scuse per non essere riuscito a mantenere un impegno. Tutte le volte che pecchi di insincerità anche con te stesso/a.
Tutte le volte che neghi il tuo bambino interiore abusando del suo dolore.
Tutte le volte che imprechi contro di te per non essere riuscito in qualcosa. Ogni volta che pensi di avere meno di una persona o di quell'altra giudicandoti dalle apparenze, dai possedimenti esterni piuttosto che da chi sei veramente.
E la stessa cosa riguardo alle persone.
Osservati. Guardati. Sentiti. E' molto importante questo momento di riscoperta, ti aiuta ad abbattere le sovrastrutture, il bosco che ti separa dal drago. Perciò iniziamo questa quarta settimana. Hai superato la metà del percorso, la forza sia con te!
Per la modalità di scrittura vale quella che ho descritto per la terza settimana, ricordi? (Quando non puoi scrivere cerca di annotare anche solo un accenno... i sassolini... la betoniera... etc.. etc... e ricordati che non sei mai solo/a, sei sempre insieme al migliore amico/a che tu possa avere: te stesso/a. Ecco.)
Giunto il settimo giorno, rileggi tutto ciò che hai scritto. Comprendi com'è facile entrare dentro questo meccanismo e

come i tuoi genitori, che non hanno avuto la fortuna che abbiamo noi ora, di avere gli strumenti adatti, non abbiano fatto altro che riperpetrare quello che è stato insegnato loro. **Tu, qui e ora, stai spezzando questa catena che lega genitori e figli da chissà quante generazioni. Ancora complimenti!**

<u>Quinta settimana:</u>

Eccoci arrivati davanti alla torre!

Lì dentro c'è il tuo bambino ferito e lì fuori ecco il tuo drago. Questo drago ha un nome e questo nome è Perdono.
Se avete compreso il percorso fatto sin qui, non sarete nemmeno tanto sorpresi anche se una certa repulsione per questo termine, data la sofferenza subita, potrebbe essere più che normale.
Perché ti chiederai? Perché si parla del perdono?

Vedi, la concezione del perdono è stata deviata, trasformata e ri-assemblata in qualche cosa che non trova più la strada diretta verso il cielo, verso il cuore.

Si crede che il perdono sia semplice buonismo quando invece è difendere se stessi. Nel caso delle ferite poi è palese e cercherò di farti comprendere che questa è la lancia in grado, non solo di sconfiggere il Drago ma di renderlo addirittura tuo servitore.

Intanto voglio aiutarti dicendoti che questa è l'ultima strenua difesa, l'ultima barriera che l'Ego adopera per non farti avvicinare alla ferita.

Sulla porta d'ingresso della Torre c'è scritto:

"Mi avete fatto questo. Lo avete fatto e io non so se ho voglia di perdonarvi".

Ma se non perdoni la madre o il padre, le tue stesse matrici, per ciò di cui li hai accusati, poi come farai a perdonare te stesso/a per lo stesso tipo di comportamento?

Inoltre si tratta di capire che, oltre al fatto che questa modalità è reiterata nelle generazioni, tu sei nato/a appositamente per guarire quella determinata ferita, l'avevi già deciso prima di nascere, risvegliati al fatto che eri già d'accordo con altre anime per venire in questa realtà in quel dato momento, da quel determinato genitore per portare avanti proprio quella particolare dinamica arrivando fino alla guarigione. Si tratta di intuire che spezzerai la catena solo e soltanto quando capirai che quel genitore si è accollato il karma negativo per permetterti di arrivare alla risoluzione.

Comprendere, infine, che perdonarlo significa tagliare ogni debito karmico possa essersi instaurato tra voi, cosicché la guarigione delle anime possa essere totale e non reiter-attiva.

Ci siamo, il Drago sta per essere annientato, ora si tratta solo di scrivere una lunga lettera di giustificazione e perdono ai genitori e, importantissimo, a te stesso.

"Lettera di giustificazione e perdono a mio padre (a mia madre) per la ferita del Tradimento"

Prenditi tutto il tempo che ti serve durante questa settimana **ma dovrai scrivere per soli 21 minuti alla volta.**

Dopo i primi venti minuti il cervello razionale prende il sopravvento e ti potresti ritrovare a scrivere arzigogoli e distorsioni che poco hanno a che vedere con quello che originariamente era l'intento.

Quindi: timer 21 minuti. Via. Per ogni evento trova almeno un motivo di giustificazione con conseguente perdono per ciò che è accaduto.

Se ti rimane ancora qualche cosa da scrivere, oltre i 20 minuti, riprenderai in un secondo momento, in un'altra giornata: timer, altri 20 minuti e così via.

Fino alla completo trattamento di tutti gli eventi descritti in precedenza.

Finito di scrivere una lettera per ogni genitore sarà la volta di quella per te stesso, titolo:

"Lettera di giustificazione e perdono a me stesso/a per la ferita del Tradimento inflitta sia a me che agli altri".

Questa lettera non è meno importante delle altre perché per te non è semplice perdonare te stesso, non certo per spirito di martirio, tutt'altro, il fatto è che perdonarti significa che, in qualche modo, hai sbagliato qualcosa in qualche momento e in qualche modo. Proprio tu che hai avuto sempre una scusa valida ogni volta in cui non hai mantenuto una promessa o un impegno o hai alzato la voce, ora dovresti ammettere di esserti sbagliato.

So che questo potrebbe provocare una certa destabilizzazione ma la sincerità con te stesso è la tua nuova arma vincente per vivere la tua nuova vita a cuore aperto.

Il fatto di prendere finalmente in mano la responsabilità della tua vita, sarà davvero prenderne le redini, dirigerla senza più insicurezza ma con il coraggio di essere se stessi.

Perciò QUESTA È POTREBBE ESSERE UNA DELLE AZIONI PIU'
IMPORTANTI DELLA VITA, IL SIGILLO DELLA TUA AVVE-
NUTA TRASFORMAZIONE.

Il settimo giorno prenditi del tempo, chiuditi nella tua stanza
oppure potresti decidere di andare in un bosco o, se hai la
fortuna di abitare nelle vicinanze, in riva al fiume, o sul
valico di un monte, o in qualche posto a te caro, anche in
auto.

In breve, un posto dove sia possibile stare da solo/a senza
che nessuno possa venire a disturbarti.

Ecco, bene! Ora mi farò da parte per permetterti di essere
solo con te stesso, con la profondità del tuo essere.

Centrati per il tempo necessario e poi inizia a leggere a voce
alta le ultime tre lettere, quelle sul perdono, verbalizzarle è
molto molto importante. La voce è una vibrazione che mette
in moto un processo di creazione, non per nulla nell'incipit
di uno dei testi sacri più conosciuti si legge:

"All'inizio era il verbo. E il verbo era presso Dio. E il verbo
era Dio" - Verbo - in latino Logos, Parola. La parola che crea
come Dio stesso. Crea fuori ma soprattutto crea dentro: il
nostro inconscio la sente e la prende per certa. Ascolta
quello che succede, il perdono delle ferite inferte e subite e
questa voce risuona dentro tutto il nostro mondo: appiana le
colline interiori, abbatte i muri della comunicazione bloccata, fa nascere gli alberi della risoluzione e fa sgorgare i
fiumi della serenità interiore. Possono allora sbocciare i fiori
della gioia mantenendo una promessa antica che una grande
anima ci fece:

"Farò sbocciare fiori anche là dove solo un momento prima
vi era un arido deserto".

Quando avrai finito di leggere vedrai il Drago accucciarsi ai tuoi piedi, finalmente vinto, la porta della tua Torre aprirsi e da quella torre uscire tu, bambino, finalmente pieno di fiducia in te!

Libero!

Ecco... Come ti senti?
E' valsa la pena arrivare fin qui?
Ci sono stati momenti in cui avresti voluto mollare?
Se sì, sono felice di essermi guadagnata la fiducia che ti ha portato a concludere questo viaggio, è quello che ho desiderato quando ho preso questo impegno con te. Grazie per essere qui!
Ora dovresti avere la percezione chiara di come agisce ferita da Tradimento e dovresti aver compreso che la chiave per uscirne ogni qual volta essa appare dentro di te è **SENTIRE LA FIDUCIA NEL CUORE CHE TUTTO STA ANDANDO COME DEVE ANDARE PER IL TUO MASSIMO BENE**

Ora ti lascio un esercizio che cambia il tuo campo morfologico quantistico, fallo ogni volta che ti sembra di non superare un impasse:

Durata dell'esercizio tre minuti.
Metti un timer ad 1 minuto.

Mano destra:
pollice, indice e medio uniti tramite i polpastrelli. L'anulare al centro della fronte un po' sopra le sopracciglia.
(questo vale per tutti e tre i minuti)

Mano sinistra:
Primo minuto sul quarto chakra, distanza 5 centrimetri.
Secondo minuto su tutti i denti.
Terzo minuto mano sopra l'ombelico.

Durante il terzo minuto ripeti anche mentalmente la frase sottostante:

"FACCIO DEL MIO MEGLIO E AFFIDO IL RESTO DEL COMPIMENTO NELLE MANI DEL CREATORE DI TUTTO CIO' CHE É"
"FACCIO DEL MIO MEGLIO E AFFIDO IL RESTO DEL COMPIMENTO NELLE MANI DEL CREATORE DI TUTTO CIO' CHE É"
"FACCIO DEL MIO MEGLIO E AFFIDO IL RESTO DEL COMPIMENTO NELLE MANI DEL CREATORE DI TUTTO CIO' CHE É"

Quella parte di te farà il resto, e tu potrai rilassarti con la sicurezza che tutto andrà nel migliore dei modi. Tu sei una parte del Creatore di Tutto Ciò Che e É come tale puoi ricreare la tua realtà!

Ora puoi prenderti una pausa o incominciare con un'altra ferita che riconosci come parte di te, io sarò ancora al tuo fianco nel cammino, felice di poterti nuovamente accompagnare.

FERITA DA INGIUSTIZIA

É l'ultima delle cinque ferite in ordine di tempo, si risveglia dai quattro fino ai sette/otto anni di età con il genitore dello stesso sesso ma anche qui non si può escludere anche l'altro genitore.

La percezione è quella di una richiesta di prestazioni elevate unita alla sensazione di non poter essere se stessi: mai abbastanza perfetti per l'amato genitore.

La parola 'giustizia' è qui nella sua accezione di giusto apprezzamento, riconoscimento, rispetto dei diritti e dei meriti senza per forza dover anelare in ogni campo alla perfezione.

Ingiustizia crede di non essere mai abbastanza perfetto, di non fare mai le cose abbastanza bene per il genitore che viene visto come una sorta di 'Dio in terra', detentore di una scala di valori assoluti, che vengono richiesti e che il bambino prova a raggiungere senza mai riuscirvi perché l'asticella, il limite, viene sempre spostato in avanti.

La realtà è che questa percezione è tipica di questa ferita poiché viene confermata ogni volta che il genitore pronuncia le fatidiche frasi:

"Sei stato bravo ma potresti fare molto meglio con le tue possibilità!"-oppure- "Un ottimo risultato...anche sa da te mi sarei aspettato di più."

Il bambino vede in questo atteggiamento freddezza, scarso apprezzamento, crede di non fare mai abbastanza per essere degno di amore e non riesce a vedere i suoi miglioramenti perché non solo non gli vengono mostrati ma addirittura gli vengono invalidati.

Una continua richiesta di elevare la propria prestazione che letteralmente congela l'essere in una sorta di tensione verso la perfezione è quella che sente dagli altri e di seguito anche da se stesso e che prende forma nella maschera del 'Rigido'.

Qui l'Ego protegge staccando la facoltà di sentire il proprio corpo giudicato non idealmente proporzionato, non appropriato alle esigenze di perfezione. Si perde di vista l'armonia a scapito di un modo di fare statico, rigido appunto, inseguendo un ideale irraggiungibile.

Si instaura una specie di rispetto/reverenza misto ad amicizia tra figlio e genitore dove però non si parla mai di interiorità ma solo di superficie. Non ci si addentra nel 'sentire' poiché spesso e volentieri anche l'adulto soffre della stessa ferita, che perpetra inconsapevolmente credendo che quella sia la migliore modalità educativa: poco sentimentalismo e ricerca del miglioramento a tutti i costi.

É così che il Rigido mostra una faccia di imperturbabilità che lascia credere che la persona sia fredda e insensibile mentre dentro soffre terribilmente, senza peraltro avere il contatto diretto con questa sofferenza, inconsapevole egli stesso.

É una persona che ha perso la connessione anche con il dolore fisico, non di rado si accorge di un disagio quando questa è molto avanzato; non è raro per ferita da ingiustizia arrivare al Pronto Soccorso e sentirsi dire: "Scusi ma... perché ha aspettato fino a questo punto per farsi visitare?"

il motivo sembrerà assurdo agli occhi del medico, che vede un'urgenza anche dolorosa e non gli pare possibile che quel paziente non abbia avvertito nulla fino a pochissimo tempo prima.

Potrebbe essere il caso di gravi infezioni, ad esempio, o infiammazioni articolari degenerative, o cisti di grandi dimensioni rimaste totalmente inascoltate o, ancora, problemi di coliche ai reni (che tra l'altro sono la sede energetica della comunicazione).

Il Rigido ricerca sempre l'esattezza, è un perfezionista estremo e la sua mente oscilla continuamente per riuscire ad essere sempre nel giusto.

Guarda in continuazione chi possiede più degli altri giudicando se siano o no meritevoli e fa la stessa cosa con se stesso appena guadagna qualcosa in più.

Da bambino pensa che le persone vengano apprezzate per quello che fanno e come lo fanno, non per quello che sono realmente; per lui la faccenda del 'merito' è importantissima, fino al punto di perdere ciò che ha guadagnato quando non crede di averlo meritato fino in fondo; ad esempio prendendo una multa o perdendo il portafogli o facendosi cadere dalle mani il cellulare, insomma il modo lo trova per ripartire 'giustamente' i possedimenti.

Non ama le feste e sembra che non sappia cosa sia il divertimento, preoccupandosi di fare il proprio dovere e di portare a compimento il lavoro piuttosto che pensare al piacere o al relax, per questo motivo è molto facile che si porti faccende da completare anche in vacanza e che non riesca a riposarsi mai completamente pensando che non sia giusto sottrarre tempo al lavoro. L'unico modo che ha per permettersi il pieno riposo è di considerarlo parte del compito da svolgere: una necessario 'lavoro' di ricarica per poter fare ancora meglio.

Prendere una decisione è un'impresa titanica! Non riuscendo a sentirsi interiormente, la sua mente oscilla in continuazione tra due soluzioni, valutando fino allo sfinimento i pro e i contro dell'una e dell'altra senza che mai una prevalga significativamente.

"Se faccio in questo modo è meglio per quello e per quell'altro... se invece faccio in quest'altro modo è meglio per questa e quest'altra cosa..." e questo ping-pong mentale può andare avanti per giorni interi sia che si tratti di comprare un frigorifero, un'auto o un paio di scarpe.

Le parole che adopera sono termini assoluti:
"Mai"
"Sempre"

"Molto"
Come parole che finiscono con '-mente'
"Beh, effettivamente mi sembra giusto"
"Credo che non sia esattamente così, probabilmente..."
Oppure frasi che esprimono chiarezza:
"Non mi è chiaro quello che mi stai comunicando."
"Potresti descrivere più chiaramente?"

Insieme a:
"Non lo trovo giusto!"
"Ti sembra logico?"
"Non può funzionare così!"
"Ottimo! Lo trovo perfetto!"
infine a Regina delle frasi di 'ingiustizia':
"Nessun problema! Che ci vuole."

Fisicamente:

É molto attraente, fisicamente ben proporzionato. Vita stretta e natiche rotonde. La donna è formosa con portamento altero, è considerata molto sexy e provocante, salvo poi diventare scostante se si accorge di essere avvicinata solo per questi motivi. La camminata è rigida e composta ma un po' spostata con il baricentro in avanti. Si distingue per la poca fluidità nei movimenti. Questo tipo di personalità ama vestirsi con abiti aderenti, stretti in vita. Tende fisicamente a chiudersi: braccia aderenti al corpo pugni chiusi o gambe unite, strette-
Questi sono tutti segnali tipici di questa ferita.

Disarmonie:

I disturbi possono essere quelli tipici di una persona rigida nel corpo allo stesso modo di quanto lo è, verso sé stesso e le situazioni, con la mente. Le articolazioni potrebbero essere le prime a soffrire di questa poca flessibilità, di conseguenza tutto ciò il cui nome finisce per -ite: tendinite, artrite, borsite e che rivelano un fuoco represso, collera trattenuta all'interno del movimento di contrazione; per lo stesso motivo l'insorgere di disturbi al fegato o calcoli alla cistifellea si potrebbe pensarli energeticamente collegati; come pure stitichezza ed emorroidi per cercare di mantenersi in una posizione nella quale ci si sforza di stare, dove si trattiene la comunicazione e dove si fatica a lasciare andare.

Il 'Rigido' è spesso ansioso per la difficoltà a capire se ha fatto la scelta giusta o se sia esatta quella che sta per compiere. I continui dilemmi mentali connessi soprattutto al lavoro, rifugio per eccellenza, lo fanno spesso soffrire d'insonnia.

Non ascolta e non riconosce i suoi limiti perciò può succedere che si causi strappi muscolari in quanto chiede troppo a se stesso, pure l'esaurimento da stress lavorativo fa parte delle disarmonie tipiche di questa ferita.

Anche nel caso di Ingiustizia, la risoluzione attuerà sblocchi in molti ambiti della vita che tipicamente rimangono bloccati per via di questa particolare dinamica.

Via via che il Rigido risolve avrà maggiore convinzione nelle sue possibilità di successo.

Sentirà con maggiore chiarezza quali sono le sue esigenze e il diritto alla propria felicità indipendentemente dalle tristezze del mondo.

Aumenteranno i guadagni mantenendo un punto di riferimento più centrato, riconoscendo la propria opinione come valida e veritiera.

L'intuito torna a farsi sentire e ad essere un valore.

Finalmente il Rigido può sciogliere le sue articolazioni diventando flessibile, impara a scegliere ascoltando il proprio corpo, le reali esigenze. Capisce che ognuno è qui per un personale disegno divino e che la giustizia di questo è al di là di quella meramente umana che non può essere mai perfetta pur tendendo in modo pro-attivo e costruttivo, alla perfezione.

Cosa fare?
Metodo MeG
o delle 5 settimane

<u>Prima settimana:</u>

Ora parlerò direttamente con te anima ricca di talenti.

Conosco quella sensazione di non sentirsi mai 'abbastanza', la rabbia quando la persona che ami sottolinea proprio il punto che tu sapevi già essere il tallone d'Achille del tuo progetto, quadro, romanzo, disegno. Perché tu meglio di chiunque altro sai dov'è, ed è per questo motivo che spesso sei il Re o la Regina dei lavori incompiuti, così nessuno potrà giudicarli dal momento che il giudizio si può emettere solo su un lavoro finito.

Quando invece è un progetto che deve essere portato a termine... ahimè! Non è mai abbastanza perfetto per essere presentato, ci sarebbero volute ancora due o tre ore e allora sì, sarebbe stato perfetto. Ma questa, amico simile, è pura illusione! Perché ci sarà sempre un punto nel quale il lavoro potrebbe essere migliorato.

Ti confido un segreto: Il fatto che si possa sempre migliorare non è demotivante! Al contrario, è nel miglioramento costante che il lavoro o la relazione possono davvero essere remuneranti o appaganti.

Da brava ferita da Ingiustizia crederai di vedere in questo discorso una contraddizione in essere, ma seguimi, fidati di me e ti porterò fuori dal tuo dilemma continuo, ti mostrerò dove sta la vera perfezione!

Perché esiste e ce l'hai sotto gli occhi ogni momento. Te la mostrerò e potrai tornare a sentire profondamente chi sei e mettere a frutto ogni tuo talento.

So che sei aperto, sempre alla ricerca di nuove soluzioni. Sei un ricercatore, un esploratore dell'ignoto e un avventuriero della vita. Una sorta di Indiana Jones o di Lara Croft della bellezza delle risoluzioni. In realtà non avresti bisogno di me se non per quel fondo di tristezza che accompagna da sempre la tua anima e che dice:

"Per quanto faccia non sono mai abbastanza!"

Il sorriso amaro di chi comprende che non esiste nulla di perfetto, di giusto, perché ciò che è bene per te, che fa gioire te stesso, spesso fa soffrire qualcun altro.

Ok!

Forse hai ragione: c'è un disegno che non hai ancora 'visto'.

Ora vorrei parlare con il tuo bambino interiore, vorrei chiamarlo affinché si svegli!

So che è lì addormentato da qualche parte. Ti chiedo di svegliarlo così che insieme possiamo seguire il labirinto che porta sulla soglia della perfezione.

CHE TU CI CREDA O NO, C'È UN NUOVO PUNTO DI VISTA CHE POSSO MOSTRARTI E SO CHE STO SOLLETICANDO LA TUA CURIOSITÀ!

Vieni esploratore, andiamo insieme "Alla ricerca della Mappa della felicità".

Organizzarti è molto facile lo so, probabilmente scoprirai anche una nuova modalità per riuscire a fare meglio e più velocemente anche questo tipo di lavoro. Forse svilupperai una nuova applicazione smartphone per tenere gli appunti delle varie ferite, il talento non ti manca di certo, e se tieni a bada la mania di perfezionarla sempre più, riuscirai a farla uscire prima che qualcuno ti rubi l'idea.

In mancanza di questa applicazione, anche per questa volta useremo un quaderno. Ti servirà per annotare le parole o le frasi che ti fanno entrare in loop, la soluzione sarà nel ribaltarle nel loro opposto alla fine della giornata.
Bisogna capire che Ingiustizia è molto severa con se stessa e quello che per gli altri sarebbe normale non fare, per lei non lo è.
Ti spiego: durante le ore di lavoro può essere che qualcuno ti chieda di fare una pausa caffè, il tuo primo impulso è rifiutare: "Perché devo finire il lavoro e... mi mancano proprio due minuti e... vai avanti tu che io arrivo subito!" ecco, di solito il o la collega ti aspetta ma finisce per portarti il caffè sulla scrivania e tu: " Perdona, sarei arrivato/a, ho praticamente finito, manca proprio poco" e così ad libitum!
Il lavoro viene consegnato proprio per il fatto che la scadenza del termine lo richiede perché... ci sarebbero voluti proprio solo altri due minuti e sarebbe stato perfetto.

Cominci a capire di cosa sto parlando?

Per altre personalità sarebbe un punto di merito non fare pausa caffè mettendo avanti il lavoro, non per te. Per te capire l'importanza di una pausa è di vitale importanza anche ma non solo, per non sovraccaricare gli organi e irrigidire la muscolatura e lo scheletro mentre stai come una sorta di segugio che punta l'obiettivo.
Attenzione a quando adoperi frase definitive come:
"Non potrei mai"
" Non lo farò mai"
"Sì, certo, assolutamente"
Ascolta in quale parte del corpo senti disagio.

O frasi che sembrano innocenti come:
"Credo che non sia così, probabilmente..."
"Effettivamente, dopo averci pensato, non vorrei offenderti ma potresti prendere in considerazione anche...."
a ben vedere sono eterni preamboli che nascondono la paura profondissima di ferire l'altra persona anche per questioni di pochissimo conto o anche solo prima di esprimere un proprio parere.

Ripeto: ciò che per altre personalità potrebbe essere di encomio per ferita da ingiustizia è davvero troppo.

Troppo gentile, troppo lavoratore, troppo onesto (a costo di ripetermi: quando per qualche motivo si trova a non poterlo essere si auto punisce in mille modi: multe, perdita di qualcosa di prezioso come telefono, portafogli...) troppo di tutto, insegue perennemente un ideale e questo è ammirevole ma tutto questo 'troppo' mette a dura prova il suo sistema neurovegetativo che poi abbisogna di un grande quantitativo di energia e spesso trovata in cibi o bevande che sovraccaricano gli organi come cioccolato e caffè.

O la Regina delle frasi:
"Che ci vuole, in due minuti si fa!"

Non mi dilungo con altri esempi perché sono sicura che hai messo a fuoco il tuo dialogo interiore.

Ecco, alla fine della giornata ti chiedo di rileggere le frasi che avrai annotato e cercare di renderle possibilmente più reali:
"Ora non sento che potrei farlo"
"Mi ci vorranno alcune ore"
"Se non riesci a farlo urge una soluzione perché io non credo di averne il tempo"
oppure più sintetiche:
"Hai pensato di prendere in considerazione che..."
"Esprimo la mia opinione..."

L'importanza delle essenze:

Ed ecco un'altra cosa che sarà opportuno fare per seguire questo metodo.

Durante i primi sette giorni ti chiedo di porre attenzione alle varie parti del corpo dove potresti sentire sensazioni particolari.

Cerca di stare all'erta nel cercare di capire dove si avvertono sensazioni fisiche di disagio quando pronunci queste frasi o anche durante la giornata in generale.

Tipo: sensazione di ansia per non poter scegliere senza ferire qualcuno, oppressione alle meningi, acidità di stomaco, dolori alle giunture, tendini che si accavallano, crampi, desquamazioni, trafitture al fegato, senso di 'nervosismo allo stomaco'.

È importante localizzare questi punti perché saranno quelli esatti che indicano dove il corpo di luce potrebbe essere trafitto, bucato a tal punto che il dolore è arrivato ad interessare il corpo fisico.

Diventa necessario scoprirli in quanto è proprio lì che andremo ad usare la vibrazione di guarigione delle essenze.

Per capire come questo succeda dirò che la vibrazione delle essenze è in grado di riarmonizzare l'energia 'cicatrizzando' il corpo di luce e ripristinando la trama del suo tessuto.

Annota questi fastidi o dove il dolore si presenta più spesso e sarà proprio lì che andrai ad applicare le essenze in senso **antiorario.**

Le essenze per Ingiustizia:

Olio essenziale di Neroli: perfetto per il riequilibrio del sistema nervoso, agisce contro la paura, placa l'ansia portando calma e pace nel cuore.

Ottimo come conciliatore del sonno e nel trattamento dei disturbi psicosomatici che hanno a che fare con l'apparato digerente: disturbi digestivi, reflusso acido e ulcere provocate dal troppo rimuginare.
E' un rigenerante cellulare, viene usato nel trattamento della pelle invecchiata o della psoriasi.

Olio essenziale di mandarino: anche quest'olio essenziale è un valido regolatore del sistema nervoso, sedativo e con effetto calmante del carattere ansiogeno. Contrasta l'avvicendarsi dei pensieri che creano lo stato sovreccitato che procura l'insonnia. Stimola la circolazione sanguigna e anche l'appetito quando questo viene a mancare per motivi di depressione.

Olio essenziale di Rosa: quest'olio riporta l'armonia nel cuore di ferita da ingiustizia, scioglie le tensioni del rigido facendogli sentire l'amore risvegliando il suo sentire. Rilassa l'anima scacciando ansie e timori. Svolge un'azione riequilibrante sulle emozioni negative portate dalla collera. Aiuta a scacciare la tristezza.
Lenitivo per tutti I tipi di pelle. E' l'olio dell'amore, della pace e della felicità.

Boccetta da 10 ml con contagocce.
Esempio di miscela tipica:
Olio di Neroli 3 gocce
Olio di Rosa 3 gocce
Olio di mandarino 2 gocce

Come e dove si usano:
Localizza i punti esatti dove il corpo di luce è trafitto: saranno quelli dove avrai percepito una sensazione particolare o dolorosa, lì andrai ad usare le essenze.

Metti due gocce di olio sulla punta delle dita e applicale massaggiando in **senso antiorario!**
Il senso antiorario ripristina la memoria originale del corpo di luce lenendo la ferita e ricostruendo la trama energetica, la sensazione di sollievo è quasi immediata.

Quando si devono usare:

Per tutta la durata del ciclo di 5 settimane per la guarigione della ferita.
Al mattino, al pomeriggio e alla sera, si passano le gocce sui punti.
Puoi usare le essenze anche ogni volta che sentiamo quel particolare fastidio.
Mentre passi gli oli al mattino e alla sera ti chiedo di ripetere le affermazioni positive della ferita che intendi trasformare.

<u>Affermazione classica per la ferita da Ingiustizia:</u>

"Trasformo la percezione dell'imperfezione nella capacità di affidarmi al mio sentire, ritrovando la verità del mio essere perfettamente divino. Posso scegliere e capire che va tutto bene così com'è. Sono fluido come un fiume che corre incontro all'Amore per la vita"

N.B: Se ti sei riconosciuto in questa ferita, probabilmente avrai sentito e riconosciuto quel profondo senso di tristezza che ti accompagna ed è possibile che tu lo senta come ineluttabile per il semplice fatto che ancora una volta hai compreso che non è possibile essere perfetti come ti piacerebbe tanto essere. Eppure sono quasi certa che il profumo delle essenze e la sensazione di pienezza che consegue il pronunciare ogni volta l'affermazione, ti abbia fatto provare un senso di felicità che non conoscevi o avevi dimenticato. Mi sembra di vederti mentre le usi, inebriarti, sentire fino in fondo questo profumo perfetto nella sua unicità e capire che la vita, anche se ancora non sai come, anche se ancora, forse, non riesci a trasformare in parole questo concetto è perfetta così com'è. Io credo che tu l'abbia sentito.

Hai sorriso, ne sono certa.

Ma anche se non l'hai fatto, fallo ora.

Continua a sorridere, qualcosa sta accadendo, il tuo corpo si sta rilassando e tu cominci a sentire cosa significa fluire.

Ti accenno un segreto:

É nel fluire la perfezione che cerchi!

IL POTERE DI GUARIGIONE DEI CRISTALLI

Abbiamo già preso in considerazione l'enorme potere armonizzante/vibrazionale dei cristalli.

Anche per la ferita da Ingiustizia esistono particolari pietre a supporto della trasformazione.

Cristalli che puoi usare per la ferita da ingiustizia:

Questo ulteriore strumento al pari degli altri ma in una diversa prospettiva, ti aiuterà ad innalzare ancora di più la tua vibrazione.

Fluorite: mette la mente umana in condizioni di capire la grande mente divina. Facilita il contatto con il proprio sentire, con la verità intima. Calma la confusione mentale riportando il senso dell'essenziale e la chiarezza. Limita il voler essere perfetti a tutti i costi.

Utile per l'apprendimento, la concentrazione e la comprensione profonda.

Ametista: stimola la presa di coscienza della realtà e il comprendere che dietro ogni avvenimento vi è un disegno più grande che la mente razionale difficilmente riesce ad afferrare. Placa il sistema nervoso e aiuta a rimanere lucidi calmando le insicurezze e il senso di inferiorità. Dona chiarezza, concentrazione, e alleggerisce il peso della vita. Ottimo contro l'insonnia favorisce un sonno ristoratore scevro da qualsiasi tipo di incubi. Regola la digestione e il riassorbimento dei liquidi.

Pirite: stimola la capacità di vedere verità più alte. Dona forza, resistenza, lucidità. Riporta la propria essenza donando la centratura. Trasforma i vecchi modelli e aiuta il passaggio ad una rinnovata consapevolezza.

N.B.: trova un negozio di minerali che ti garantisca che questi cristalli o pietre siano di origine naturali e non costruiti sinteticamente.
Questo è molto importante per ottenere l'effetto desiderato.
Ci sono anche siti su internet che offrono una buona qualità ad un buon prezzo.
Acquista il tipo 'burattato' o le pietre allo stato grezzo, si acquistano con un costo molto contenuto di qualche euro.

Come si usano:
(La pirite può essere indossata come ciondolo per favorire la centratura)
Per l'ametista e la fluorite è valido il metodo usato in precedenza:
Almeno 7 minuti al giorno, tieni la fluorite nella mano sinistra e l'ametista nella mano destra.
Puoi tenerli semplicemente, anche se stai guardando il tuo programma preferito alla tv, anche se stai parlando. La cosa importante è tenere le pietre nella mano per permettere al loro messaggio di penetrare profondamente.

Puoi portarle con te ovunque dentro un sacchettino, meglio se color verde o color oro. Oltre ai sette minuti del metodo puoi usarle quando più ti piace o quando semplicemente ne sentirai il bisogno. Dopo un forte stress, ad esempio, le puoi utilizzare tenendole nel palmo della mano mentre ripeti mentalmente la frase dell'affermazione per la ferita. Specialmente dopo una scelta, quando hai il dubbio feroce che non sia quella giusta, troverai sollievo nel tenerle nelle mani. La fluorite ti aiuterà a togliere tutti i pensieri in eccesso mentre l'ametista ti metterà nella giusta percezione.

N.B.: Le essenze e le pietre andranno usate per tutto il periodo di 35 giorni.

<u>Seconda settimana:</u>

Eccoci qua! L'avventura continua.

Sei entrato nella seconda settimana e già ti conosci un po' di più,.

Ora, io so che tu porterai a termine un compito unicamente se hai programmato di farlo, altrimenti il rischio è quello che tu ti dica:

"Lo faccio dopo, tanto ci vuole poco" e poi rimandare, rimandare e rimandare.

Quindi, escamotage, a inizio settimana metti in agenda il momento esatto in cui eseguirai questo compito proprio come fosse un lavoro imprescindibile come in effetti è quello che è: nulla può essere fatto egregiamente da chi non si conosce profondamente, non trovi?

Quindi, per riuscire a lavorare meglio bisogna anche lavorare per conoscersi.

Ergo. Metti in programma questa nota, un giorno preciso ad un'ora precisa: Scrivere sul quaderno

"Tutto ciò che la parola INGIUSTIZIA suscita nel mio essere"

Quando inizi, nel caso non ti venisse in mente nulla, ma ne dubito, ricorda che puoi aiutarti pensando anche ai cinque sensi: se fosse un sapore sarebbe, e se fosse un colore, o un suono?

Se potessi toccarlo cosa sentirei: è ruvido, è viscido è sfuggente, cosa sentirei sotto le dita? E se infine fosse un odore? Ecco, fatti venire in mente tutto ciò che la parola 'ingiustizia' suscita dentro e scrivilo.

Porta il quaderno sempre con te e usalo ogni qualvolta lo ritenga necessario.

Ti chiedo per questo lavoro di non entrare nel personale. Non: "Mi sono sentita trattata/o ingiustamente quando... ecc. ecc." ma: "L'ingiustizia è qualcosa che, una modalità che, un suono che... ecc."

Il racconto deve risultare impersonale. Non dovrebbe parlare nello specifico della tua realtà quotidiana o di eventi ma di ciò che tu credi sia quell'elemento.

Stai lavorando negli strati profondi del tuo essere e questa è la modalità che trasformerà profondamente, durevolmente e in meglio, tutta la tua esistenza perciò ti prego di non sottovalutare questa ricerca.
Ricordati di continuare ad usare le essenze, i cristalli e l'affermazione.

Terza settimana:

Oooh! Siamo arrivati alla terza settimana.

Questa avventura sta cominciando ad entrare nel vivo, lo senti? C'è una pietra filosofale che comincia a brillare e aspetta solo che tu posi gli occhi su di lei e la afferri, puoi cominciare a sentire la pulsazione della sua luce, probabilmente senti già il suo richiamo dice:
"Io posseggo il segreto della felicità, il segreto della perfezione"

Ti stai addentrando nel labirinto, potrebbero esserci enigmi da risolvere e non c'è nulla di più stimolante del riuscire a farlo non trovi? Ogni prova ti avvicina di un passo alla risoluzione finale.

In questo momento ti chiedo di fare una cosa:
Vai davanti ad uno specchio con questo libro tra le mani. Ecco. Guardati. Sei un adulto con in mano le istruzioni per raggiungere il tuo bambino interiore e svegliarlo dall'incantesimo. Guarda dentro i tuoi occhi. Guarda fino in fondo. Lo vedi? Ora fagli una promessa solenne:
"Ti raggiungerò! Ti raggiungerò e ti risveglierò perché non esiste nulla di più perfetto della tua innocenza. Insieme giocheremo con la leggerezza del vento e fluiremo ridendo tra le acque cristalline di una sorgente. Te lo prometto!"

Bene.
Ora comincia a stare all'erta.
L'antagonista 'strega cattiva' della storia, uno dei travestimenti dell'Ego, comincerà a metterti i bastoni tra le ruote. Comincerà a sussurrarti che questo è tutto tempo perso che toglie spazio al lavoro 'serio' che ti serve per guadagnare e quindi per vivere. Ti svierà ponendoti davanti sempre cose

più importanti da fare che non continuare a perdere il tempo scrivendo sciocchezze.

Perché lo fa?

Perché è il suo modo per difenderti, lo ha sempre fatto egregiamente, il suo compito si chiama: Tenerti lontano dalla sofferenza.

Ti ha permesso di crescere tenendoti il più possibile lontano dalla sofferenza della ferita che dice:

"Non posso essere quello che sono, non è giusto essere come sono perché quello che sono veramente rende infelici gli altri: mai abbastanza bravo"

Questo postulato è stato talmente preso come verità assoluta dal tuo bambino interiore che lo ha fatto addormentare come il fuso ha fatto con la Bella Addormentata.

Ma ora che il drago è stato sconfitto, affrontiamo insieme le mille trappole del castello e raggiungiamo la camera blindata per risvegliare l'innocente.

Ricorda sempre che la MENTE MENTE. Lo farà strenuamente questa volta, lo farà con tutte le sue forze, non permetterà mai che tu possa svegliare il bambino perché fintantoché il bambino dormirà non dovrà mai affrontare l'Ingiustizia più grande di tutte: **La Morte.**

Vivere, gioire, amare, sacrificarsi, lavorare, cercare di rendere felici le persone intorno per poi, alla fine, vederle morire! Non è giusto!

Talmente ingiusto da non rifuggire in sentimentalismi, da non voler sentire la meravigliosa bellezza di un sentimento come l'Amore che solo la parte bambina può provare fino in fondo senza bisogno di difendersi.

Ecco la grande imperfezione, ecco ciò contro cui combatte Ingiustizia con la ricerca spasmodica della perfezione o con i suoi progetti incompiuti. Ecco cosa cerca di fare, beffare la morte! La parte che più di tutte ha paura di questo è la parte fanciulla che è quindi messa a dormire, così da illudersi di non sentire il dolore della eventuale perdita degli altri o di sé stessi e poiché la sofferenza della perdita delle persone care sarebbe straziante al punto da mandare in tilt tutto il sistema con il rischio di impazzire (nessuna soluzione-loop-pazzia): **il bambino non deve essere svegliato!** Ma...

RICORDATI QUESTO:
Se il sonno-Ego fosse la soluzione, tu non avresti alcun problema! Puoi pensare: infatti non ho problemi.
E allora cos'è quella tristezza in fondo al cuore?
E quella ricerca spasmodica di lasciare un segno nel mondo attraverso i tuoi mille talenti? Quel tuo lavorare senza posa per non permetterti di mettere in pausa il cervello se non quando svieni sul letto a tarda serata, cos'è? Quel non conoscere relax, vacanza, stand-by, per-ché!?

Ascolta il tuo stomaco, le tue spalle, le tue giunture. Loro ti parlano di una parte di che sta cercando di farsi sentire.
Sei arrivato fin qui, ci siamo quasi, non farti ipnotizzare dalla mente, trasportare dentro un altro film irreale.
C'è un fanciullo da svegliare, c'è la tua perfetta essenza da ritrovare, ricordi?
Non è giusto lasciarlo dormire, non fargli provare tutta la bellezza della vita, non trovi?

Eccoti!!!
Sapevo che potevo contare su di te,
Dai! Continuiamo.
Vieni di qua!

Terza settimana dicevamo:

Hai con te il tuo strumento, la mappa che stai scrivendo tu stesso? Ok. Riprendi il tuo quaderno e continuiamo a segnare il percorso, servirà anche ad altri, è una certezza.
Ora scrivi questo titolo:
"Tutte le volte che ho sentito di essere imperfetto/a da quando sono nato/a fino ad ora"
Ora, per una volta anche senza organizzazione, quando arriva alla mente uno di quei momenti annotalo il più presto possibile.

N.B: Questa settimana Se è possibile, non aspettare!

Lo so che potresti essere al lavoro, oppure facendo qualcosa di vitale importanza ma... è importante anche solo che tu ti faccia un appunto per ricordarti l'evento che in seguito, con calma, trascriverai.
Ricorda che abbiamo messo in atto una rivoluzione interiore: fai finta di osservare un impastatrice dall'alto; in questa pasta che si muove sono immersi dei pezzi diversi, puoi immaginare il cemento mentre si sta impastando nella betoniera nel quale affiorano dei sassolini.
Questi sassi possono essere visibili per qualche attimo ma poi vengono sommersi dal movimento della macchina, non sappiamo quando riemergeranno e nemmeno se riemergeranno, per questo è così importante annotare subito il ricordo, ogni nostro spiraglio nel passato e come uno di quei sassolini.
Potresti pensare: "Ma sì, è una cosa talmente particolare, è successa a me, non me ne dimenticherò. L'annoto dopo".
Mi spiace dirtelo ma potrebbe non essere così semplice. In quel momento ti sembrerà di avere l'assoluta certezza che ricorderai ma quando avrai il tempo per scrivere è probabile che ti possa ritrovare con gli occhi stretti a pensare... e ripensare... qualcosa che non riuscirai più ad afferrare.

Perciò può servire anche una piccola annotazione, una rete gettata sul sassolino per poi, al momento giusto, tirarlo su dal profondo.

Ti chiedo di fare questo lavoro di ricerca per sei giorni.

All'inizio potrebbe risultare impegnativo, trovare il tempo e il modo per annotare e poi scrivere, può essere che ti sembri di non ricordare nulla ma... hai messo l'intenzione e piano piano i ricordi cominceranno ad emergere, prima uno, poi l'altro e tutto diventerà molto semplice a mano a mano che passa questo tempo.

Arrivato al settimo giorno organizza la tua giornata in modo da avere un tempo di un'ora.

Un'ora tutta per te. Lontano da fonti di disturbo. Trovato il tuo luogo, che sia nel tuo studio o sulla cima di una montagna, ti chiedo di rileggere quello che hai scritto e che riguarda la persona che ritieni ti abbia ferito chiedendoti di essere diverso/a da quello che sei, facendoti pensare di non essere mai abbastanza bello/a, bravo/a, intelligente, gentile e tante altre belle cose che ti appartengono ma che non ti sei mai potuto/a godere fino in fondo perché... non erano mai abbastanza tanto per gioirne.

"Non essere mai contenti per non permettersi di accontentarsi"

Un circolo vizioso non trovi? Ti chiedo di metterti nei panni di quella persona, entrare dentro di lei per guardare con i suoi occhi.

Ora: Hai davvero la certezza che la sua intenzione fosse quella di farti sentire l'imperfezione? Pensaci un po'.

Prova a rimanere lì a prendere coscienza di questa persona.

Cosa sente? Cosa prova? Voleva proprio dire quello che tu pensi abbia detto, l'intenzione era quella che tu pensavi quando ha agito?

Oppure in realtà, per qualche suo motivo, di educazione, di

background, non ha potuto, più che voluto, agire diversamente?
Può essere che pensasse di muoversi per il tuo bene nell'u-
nica modalità conosciuta?

A te piacciono i manuali di istruzioni, lo so.

Purtroppo ai genitori non vengono dati e i figli tendono a
ritenerli perfetti quando invece sono solo persone alle quali,
intenzionalmente o meno, è 'capitato' di avere tra le braccia
un bambino.
Anche con tutto l'amore del mondo si commettono errori,
perché, a meno che non sia stato fatto un grande lavoro su se
stessi, a meno che non si siano trasformate tutte le proprie
ferite, la tendenza è di riperpetrare quelle subite. Forse, il
suo volere il tuo miglioramento era l'unico modo conosciuto
per tentare di renderti migliore di loro stessi.
Forse era il solo modo conosciuto di manifestare l'amore.
Ascoltati... comincia a ri-sentirti...
Domandati questo per ogni evento che hai descritto, non
risponderti   subito,   prima   ascolta   in   profondità.
Emergeranno varie emozioni, falle uscire ma sopratutto per-
mettiti di sentirle!
Non negarle: sentile!
Vivile: pianto, rabbia, frustrazione, paura.
Ogni emozione ha il suo motivo per esistere, non sono
imperfette, anzi! Senza la paura non avresti mai imparato ad
attraversare la strada e a rimanere incolume. Senza la rabbia
non potresti capire che quel dato modo di agire a te non sta
assolutamente bene. Se non avessi la capacità di indignarti
ognuno potrebbe fare di te ciò che vuole alla stregua di un
pupazzo o di una bambola.

Non esistono emozioni imperfette!

É tutto perfetto così com'è e forse noi siamo qui per farne esperienza.

Ora puoi fare una cosa, sentire quello che hai dentro, nel profondo, non nella testa, non nel pensiero giustificativo ma nel profondo.
Cosa trovi? Rabbia? Vivila!
Hai un amico/a disposto ad ascoltarti? Fai uscire i sentimenti.
Parlarne per te, così rigidamente chiuso/a in te stesso/a è assolutamente liberatorio e ti permette di sentire fino in fondo le emozioni, ti trasforma, ti fa capire che puoi!
Puoi 'provare' senza sentirti frustrato/a ma, anzi, liberato/a.
Certo, puoi continuare a pensare che sia comunque il mondo ad essere imperfetto, che non è giusto che un bambino nasca e debba superare tutte queste prove, che tutto questo non ha senso e che la giustizia non esiste ma... abbi pazienza ancora un po', la mappa sta prendendo forma e forse esiste un altro punto di vista.
Vale la pena scoprirlo non trovi?
Nel frattempo continua a sentire le emozioni, vivile, fosse anche di prendere un cuscino a pugni per sfogare la rabbia e, certo, non è giusto nei confronti del cuscino che non ti ha fatto nulla ma, te lo garantisco, lui non se la prende.
Sorridi? Se si continua a ridere più che puoi.
Anche se ci sono le guerre, anche se ci sono persone che non hanno il cibo, la loro situazione non cambierà se rimani serio, la tua serietà non li aiuta a mangiare, invece sorridere, ma sorridere davvero, aiuta te a vivere meglio e a sopportare i momenti più duri.
Ti confesso un segreto, qualcuno mi ha detto:

"Essere persone serie non significa essere seriose".
Lascia la pesantezza ai sassi.
Comincia a volare leggero/a!

Quarta settimana:

Complimenti a te che sei arrivato/a fin qui.
Hai proprio deciso che la felicità può fare anche per te. Bene!
Ma voglio fare i complimenti anche a chi, dopo una pausa di riflessione, ha ripreso in mano ora questo manuale.
Quindi, bene per chi ha proseguito, bene per chi è ritornato.
L'ultimo passaggio è stato impegnativo, lo so per esperienza personale.
Ma se sei qui vuol dire che non ti sei scoraggiato.
Hai la stoffa dell'esploratore perciò... una pennichella e si riparte.
Memorandum:
Stai usando le essenze tutti i giorni?
E i cristalli?
E le affermazioni?

A te che hai preso un momento di pausa, prima di continuare, chiedo di andare a rispolverare i tuoi strumenti e riprenderli come esercizio quotidiano, non è cambiato nulla.
Il tempo è relativo.

Andiamo avanti allora:
Continuiamo ad esplorare insieme, ti guardo e comincio a vedere il bambino avventuroso, lo sguardo più acceso, uno stimolo rinnovato quando si sa che l'ambìto premio è vicino e che può essere trovato, che ci spetta, che siamo stati proprio bravi!
Quanta luce nei tuoi occhi.
Continuiamo.

Quarta settimana dicevamo:

questa settimana riprendi a scrivere sul quaderno, il titolo sarà:

"Tutte le volte che io ho inflitto a me stesso e agli altri la ferita dell'Ingiustizia"

Proprio così.
L'esempio di comportamento che abbiamo ricevuto, anche inconsapevolmente, lo agiamo su altre persone, spesso proprio quelle che amiamo di più ma sopratutto lo agiamo su noi stessi.
Sì, sì! Capito bene! Proprio su noi stessi?

Vuoi sapere quando?

Beh, tutte le volte che emetti giudizi severi su di te. Quasi sempre vero?
Quando ti dai la croce addosso perché hai commesso un errore e non lo valuti come esperienza ma come fallimento. Tutte le volte che non ti concedi una pausa. Tutte le volte che non ti permetti di provare un sentimento. Ogni volta che ti senti frustrato e guardando bene è sempre per la maledetta paura di non essere abbastanza e ti giudichi per questo. Tutte le volte che accetti un lavoro ripetitivo e non dai spazio ai tuoi numerosi talenti.
Tutte le volte che dai al giudizio degli altri più valore che al tuo. Quando tieni conto delle opinioni degli altri perdendo di vista te stesso come punto di riferimento.
Quando richiedi a te stesso prestazioni elevate e sposti l'asticella sempre più avanti. Tutte le volte che non ascolti il tuo corpo, le sensazioni, la stanchezza o che non ti permetti il riposo, ti stai ferendo con Ingiustizia. Tutte le volte che hai scelto la responsabilità a discapito dell'amore non avendo

chiaro che la prima responsabilità è verso te stesso/a nell'a-
marti esattamente così come sei.

Continuo?

Stessa cosa riguardo alle altre persone, quando te la prendi
più del necessario per un errore commesso. Quando scambi
un modo di scherzare per una critica e reagisci con rabbia.
Quando ti irrigidisci su una posizione con le persone che ami
solo per la sacrosanta 'Questione di principio!'.
Chiediti:

**"É più importante avere sempre ragione o vivere
sereni".**

Concediti un sano compromesso e concedilo anche agli altri.
Come? Un sorriso a volte stempera un momento impegnativo e la leggerezza diventa un valore perché non è sinonimo
di superficialità.

Sorrido anche io.
Credo che tu stia cominciando a comprendere qualcosa di
nuovo. So che questo ti rende felice perché per Ingiustizia,
imparare, è una delle gioie più grandi.
Ok.
Organizza il momento e... scrivi!

Per la modalità di scrittura vale quella descritta per la terza
settimana, ricordi?
(Quando non puoi scrivere cerca di annotare anche solo un
accenno...)
Giunto al settimo giorno, rileggi tutto ciò che hai scritto.
Comprendi ora com'è facile entrare dentro questo meccanismo?

Ricorda:
Tu, qui e ora, stai spezzando questa catena che lega genitori e figli da chissà quante generazioni.
Ancora complimenti!

<u>Quinta settimana:</u>

Wow! Siamo all'ultima rampa di scale, dietro quella porta giace addormentata l'innocenza.
La promessa della perfezione.
La risoluzione e la risposta alle tue domande.
Per accedervi ancora un enigma da risolvere:

"Qual è quella lama talmente affilata da riuscire a tagliare il passato ma lasciarci collegati con l'infinito?"

Dentro a questa risposta la tua possibilità di trasformazione, il tuo riscatto, il risveglio della meraviglia.
Vuoi pensare ancora un po' o ti do la risposta?
Ok.
Questa lama si chiama: PERDONO.
Proprio così, perdonare non è un atto di buonismo nei confronti degli altri ma un doveroso atto verso se stessi per lasciare andare e togliersi letteralmente di dosso il peso di persone o di eventi passati, e perdonarsi è la chiave per ritrovare la propria innocenza.
La chiave della liberazione. Il 'tana-libera-tutti' del Gioco Divino del Ricordo di Sé.

Cominciamo?

La prima necessità è perdonare il padre e la madre, che per primi ci hanno inflitto la ferita facendoci nascere in un mondo imperfetto ricercando poi in noi una perfezione che non può esistere.

Ora ti svelo un altro segreto della felicità:
Prima di nascere noi scegliamo i nostri genitori proprio perché vogliamo vivere una determinata esperienza. Un'esperienza che ancora ci manca, come vivere l'Ingiustizia, o soffrire per la mancanza di perfezione, diventare dei Paladini
nel mondo, o anche nella propria famiglia, ideare un nuovo
strumento. Steve Jobb era senz'altro ferita da Ingiustizia,
ricercava l'eccellenza, ne aveva addirittura fame! Perché
quando Ingiustizia si trasforma nella sua parte migliore poi
diventa davvero la sua stessa meraviglia. Ritrova il senso e
dentro a quel nuovo senso i suoi 'perché' trovano risposta.

Ecco.
Sei quasi alla soluzione dell'enigma.
Organizza il quando scrivere ma ricorda che dovrai farlo per
soli
21 minuti per volta.
Dopo i primi 21 minuti il cervello razionale prende il sopravvento e ti potresti ritrovare a scrivere arzigogoli e distorsioni che poco hanno a che vedere con quello che originariamente era l'intento.
Le prime due lettere avranno per titolo:

"Lettera di giustificazione e perdono a mia madre per la
ferita da ingiustizia"
"Lettera di giustificazione e perdono a mio padre per la
ferita da ingiustizia"

Quindi:
Timer 21 minuti. Via. Per ogni evento trova almeno un
motivo di giustificazione con conseguente perdono per l'accaduto.
Nel caso, passati i 21 minuti, ti rimanga qualcosa da scrivere,
riprenderai in un secondo momento. Lascia passare almeno
due ore o passa al giorno dopo.

Timer 21 minuti, e via, fino ad esaurimento degli eventi in cui, secondo la tua percezione, ti è stata inflitta la ferita

Quando avrai completato le lettere per i tuoi genitori sarà la volta della tua:

"Lettera di giustificazione e perdono verso me stesso per avere inflitto a me e agli altri la ferita da Ingiustizia"

Certo, perché se perdoni gli altri ma non te stesso/a siamo punto e a capo, gli altri sono perfetti ma non tu.
Per Ingiustizia non è difficile perdonare e giustificare gli altri, più o meno gli è quasi sempre risultato facile; il difficile è farlo con se stessi, ma farlo davvero! Perché la severità che contraddistingue Ingiustizia verso se stessa è quanto di più accanito ci sia al mondo.
Un avvocato capace di fare assolvere anche il criminale più incallito ma che non trova scusanti valide per se stesso, ecco chi è il Rigido ed ecco il suo grande dolore: non si applica abbastanza, non ha scusanti per non aver fatto le cose quando e come si potevano fare.
Procrastina e per questo si giudica non riconoscendo la paura che si nasconde dentro il suo stesso rimandare, si da del 'fannullone' e del 'buono a nulla' - in special modo se si è fatto/a assumere in un ruolo di produzione ripetitiva che lo porta ad ammalarsi ogni tre per due.
Risulta inoltre difficilissimo perdonarsi se si accorge di essersi comportato/a male verso qualcuno, diventa proprio impegnativo perdonarsi perché Ingiustizia sente la responsabilità di pensare prima di commettere determinate azioni e non prende in considerazione l'agire d'impulso, d'istinto.
Impossibile comprendere l'impulso:

"Certo! L'impulso, ma prima dell'impulso c'è stato un pensiero, durato anche un secondo ma c'è stato, qualsiasi cosa poteva essere fatta in modo diverso, più assennato e io avrei dovuto riuscirci" ecco cosa continua a ripetersi ingiustizia in un continuo rimuginare, e così, per non andare dentro il dovrei fare, il non è giusto no l'avrei dovuto, si riempie di cose da fare.

Ora siamo vicini alla soluzione e questa risoluzione implica che tu riesca a trovare motivi sia per giustificarti che per perdonarti.

Dopo tutto quello che hai trasformato e imparato e agito energeticamente in queste cinque settimane ora dovresti avere tutti gli strumenti per completare la tua personale mappa della felicità

Uno degli ultimi punti: completa questa lettera.

Trova le tue giustificazioni per te dopodiché perdonati. Questa è la strada per il... perfezionamento.

POTREBBE ESSERE UNA DELLE AZIONI IMPORTANTI DELLA TUA VITA, IL SIGILLO DELLA MAPPA DELLA FELICITA' E DELLA TUA AVVENUTA TRASFORMAZIONE.

Sei pronto/a per scoprire la tua perfezione?

Bene!

Il settimo giorno prenditi un po' di tempo, chiuditi nella tua stanza oppure vai in un bosco, se hai la fortuna di abitare nelle vicinanze, o in riva al fiume.

In breve, trova un posto dove sia possibile stare in solitudine per un po' senza che nessuno possa venire a disturbarti.

Ci siamo. Ora mi metto in disparte per lasciarti la libertà di 'essere' esattamente quello che sei.

Trova un posto dove ti senti a tuo agio, che vibra con te, dirigiti dove il corpo ti porta, ora dovresti avere imparato a sentirlo, almeno un pochino, comunque, inizia a camminare fino a che non senti di doverti fermare: quello è il posto giusto!

A questo punto inizia a leggere a voce alta le tue lettere di giustificazione, verbalizzarle è molto molto importante. La voce è una vibrazione che mette in moto un processo di creazione, non per nulla nell'incipit di uno dei testi sacri più conosciuti si legge:

"All'inizio era il verbo. E il verbo era presso Dio. E il verbo era Dio"

Verbo, in latino Logos: Parola. La parola che crea come Dio stesso. Crea fuori ma soprattutto crea dentro: il nostro inconscio la sente e la prende per certa. Ascolta quello che succede, il perdono delle ferite inferte e subite e questa voce risuona dentro tutto il nostro mondo: appiana le colline interiori, abbatte i muri della comunicazione bloccata, fa nascere gli alberi della risoluzione e fa sgorgare i fiumi della serenità interiore. Possono allora sbocciare i fiori della gioia mantenendo una promessa antica che una grande anima ci fece: 'Farò sbocciare fiori anche là dove solo un momento prima vi era un arido deserto'.

Quando avrai finito di leggere vedrai aprirsi come per magia la porta della stanza dove l'innocenza giace addormentata. Avvicinati, tocca le mani del fanciullo e chiudi gli occhi. Sarai trasportato in alto, vedrai il disegno divino dall'inizio:

La perfezione è una sfera sì perfetta ma immobile e questo immobilismo non permette altra evoluzione.

Questo è il significato della perfezione dell'imperfezione: solo le cose imperfette possono muoversi e vivere, perché lo spostamento da A a B può avvenire solo cercando di mantenersi in equilibrio costante e nel tempo. Quando si cade si è fatta esperienza per riuscire a mantenersi più in equilibrio la volta successiva, e così fino al raggiungimento dell'obiettivo.

Non c'è errore nell'imperfezione ma tendenza allo stato di perfezione che porta costantemente a muoversi e ad evolvere.

Questa è la spinta della Vita stessa che va contro l'entropia e cosa c'è di più perfetto della Vita!

Questo stimolo e il significato del 'godersi del viaggio' rispetto alla meta.

Quando avrai chiaro tutto questo, attraverso il Gioco Divino del Ricordo di Sé, potrai comprendere anche che la giustizia perfetta non appartiene alla dualità ma all'UNO.

Ecco... Come ti senti?

E' valsa la pena arrivare fin qui?

Ci sono stati momenti in cui avresti voluto mollare? Se sì, spero di essere stata la compagna di scoperte che ho desiderato essere quando ho preso questo impegno con te.

Ora dovresti avere la percezione chiara di come agisce ferita da Ingiustizia e dovresti aver compreso che la chiave di volta per uscirne ogni volta che essa si manifesta è:

SENTIRE LA PERFEZIONE DELL'IMPERFEZIONE

Nulla è perfetto ed è giusto così perché, se così non fosse, non potresti vedere il brulicare della vita, i bambini nascere, il volto di tua madre, il movimento degli astri e l'avvicendarsi delle stagioni, sentire il profumo della pioggia o il gusto di una fragola.

Ora ti lascio un esercizio che cambia il tuo campo morfologico quantistico, fallo ogni volta che ti sembra di non superare un impasse:

Durata dell'esercizio tre minuti.
Metti un timer ad 1 minuto.

Mano destra:
pollice, indice e medio uniti tramite i polpastrelli. L'anulare

al centro della fronte un po' sopra le sopracciglia.
(questo vale per tutti e tre i minuti)

Mano sinistra:
Primo minuto sul quinto chakra, distanza 5 centrimetri.
Secondo minuto su tutti i denti.
Terzo minuto sul pancreas.
Durante il terzo minuto ripeti anche mentalmente la frase sottostante.
"SONO UN ESSERE PERFETTO IN UNA DIMENSIONE 'PERFETTA NELLA SUA IMPERFEZIONE' E SONO QUI PER FARNE ESPERIENZA"
"SONO UN ESSERE PERFETTO IN UNA DIMENSIONE 'PERFETTA NELLA SUA IMPERFEZIONE' E SONO QUI PER FARNE ESPERIENZA"
"SONO UN ESSERE PERFETTO IN UNA DIMENSIONE 'PERFETTA NELLA SUA IMPERFEZIONE' E SONO QUI PER FARNE ESPERIENZA"

IL GIOCO DIVINO DEL RICORDO DI SÉ
-L'origine-

Anima infinita, se sei giunta fin qui ti sei dimostrata più che coraggiosa! Hai accettato la sfida e ora hai conosciuto la dinamica delle tue ferite. Non ti nascondo un certo orgoglio nel sentire il privilegio di averti guidato in questa esperienza di conoscenza e consapevolezza, in questa grande avventura nell'esplorazione del profondo Sé; per questo voglio farti un regalo... o almeno ti prego di accettarlo come tale.

Una sera prima di addormentarmi pensavo a come potessero essere state inflitte le ferite la primissima volta. Quale poteva esserne l'origine dal momento che una persona nasce appositamente per fare l'esperienza di guarirne una, o due... o addirittura tutte e cinque.

Come mai, una volta guarite, proprio dentro alla risoluzione si nascondessero i talenti di ognuno di noi e per quale motivo infine, l'Ego, ci volesse privare proprio della nostra parte talentuosa e divina.

Pensando come tante altre sere a questa faccenda dell'origine mi addormentai... questa volta feci un sogno che mi avrebbe fatto risvegliare al colmo della felicità! Questo sogno si era rivelato l'illuminazione che stavo da tempo cercando! Ho ringraziato il Maestro asceso Saint Germain di avermi voluto mostrare la metafora del profondo operato del Creatore così da potermela rendere, in qualche modo, comprensibile.

Ora io desidero condividerla con te che sei stato/a cosi progressista da accettare di leggere questo manuale e magari di metterlo in pratica.

Ti regalo una storia. Una storia che mi ha fatto comprendere il perché del nostro profondo dolore. La storia che Saint Germain mi ha raccontato mentre stavo seduta sopra una nuvola.

Una favola, una metafora, una illuminazione che mi ha condotto al principio della Creazione, quando non c'era nulla o... c'era talmente tutto che quel 'tutto' sembrava nulla. Un personalissimo 'Zohar rivelato'... Una favola che narra di un grande Gioco Divino:

Il Gioco Divino del Ricordo di Sé

Al principio... esisteva solo il 'Creatore di Tutto Ciò Che É!
Esisteva solo lui, infinitamente grande, riempiva tutto, niente altro che lui nella sua immensa perfezione!
Ma, e non si sa perché le prese di coscienza iniziano sempre con un 'Ma'.
Essere 'tutto', riempire tutto lo spazio, a ben pensarci era come essere nulla perché significava non avere nessun metodo di confronto, non potersi vedere da fuori poiché non esisteva un 'fuori'! Non vi era nessun tipo di movimento ma, soprattutto, nella perfezione non c'era movimento né tanto meno evoluzione!
Un istante di consapevolezza fu sufficiente per il 'Creatore di Tutto Ciò Che E' che esplose in una miriade di piccolissimi pezzi e rimase così... a contemplarsi.
Si poteva rimirare, poteva 'guardarsi' ma... ancora non sapeva dire chi fosse, come fosse o cosa fosse, perché non esistendo nulla di diverso da lui stesso, gli veniva precluso qualsiasi paragone. Sospeso in tacita riflessione, in quella infinita 'stanza degli specchi' comprese che, finché questo stato di cose fosse perdurato, non avrebbe potuto fare l'esperienza del 'conoscersi'.
Ora, per potersi conoscere è necessario non sapere chi si è ma... Lui era tutto e dappertutto... come poteva fare?!
Da questa presa di coscienza scaturì il successivo movimento e... il 'Grande Gioco' ebbe inizio!
Il Creatore chiamò a raccolta tutti i piccoli pezzi che di Sé e

chiese ad una parte di loro se fossero stati disposti a fare un gioco. Il Gioco consisteva nel 'dimenticarsi di essere Dio' (Passami il termine, qui Dio viene usato senza nessuna accezione religiosa. É il Dio che Crea. L'origine primigenia. Il primo battito dell'Universo. É il 'senza nome' e 'tutti i nomi').

Dicevo, Dio, allora, spiegò ad alcune parti di Sé che, per l'evoluzione, era assolutamente necessario che esse, per un periodo, dimenticassero di essere quello che erano, ovvero parti di Lui, dimenticassero di essere Dio! Questo doveva accadere al fine di potersi poi riconoscere; è possibile infatti scoprire e conoscere qualcosa solo se non si sa che esiste. Naturalmente spiegò loro che questo era solo un gioco, e che come tale avrebbe avuto un finale sempre, e in ogni modo, positivo. Rassicurò ogni sua parte dicendole che, nel caso si fosse in qualche modo smarrita, se avesse dimenticato la propria origine e quindi la direzione, Egli avrebbe sempre trovato il modo per andare a 'riprenderla', per indicarle la strada, per 'bussare all'interno' e dirigerla.

Tutti questi frammenti, felici di poter fare quella che ritennero un'esperienza sublime, accettarono e... istantaneamente cominciarono a precipitare. In questa caduta si ferirono dolorosamente come solo Dio stesso può concepire il dolore: immensamente! La prima ferita fu il Rifiuto: queste parti dovendosi dimenticare di essere Dio dovettero -rifiutarsi- di esserlo, questo rifiuto fu la prima grande incisiva ferita.

La caduta continuava e le miriadi di parti provarono la seconda dolorosa sofferenza, l'Abbandono: l'abbandono dell'idea di essere Dio, abbandono della sensazione di essere 'Tutto'. Accettare di individuarsi, concepire il senso di separazione, sentirsi soli!

La terza ferita fu, di conseguenza, l'Umiliazione: dimenticarsi di essere Dio, sminuirsi, accettare di sentirsi piccoli, di avere la sensazione di doversi 'vergognare' di qualche cosa perché nella materia ci si ritrova nudi e non si accetta la sessualità, non la si capisce, anzi non la si deve comprendere poiché questa rimane il contatto con l'energia del Divino che però dev'essere dimenticato! Solo quando l'essere sarà caduto fino in fondo e avrà completamente dimenticato la sua origine, allora e soltanto allora, riconoscendosi, gli sarà concesso di capire profondamente in cosa realmente consista la sessualità.

La quarta ferita si esplicò nel Tradimento: per dimenticare di essere chi si è bisogna tradire la parte più vera di sé stessi dimenticandosi del proprio valore ma sopratutto del proprio cuore. Tradire la propria essenza, rinnegarsi, dimenticarsi di essere Dio significò, in prima istanza, non credere più a qualcosa di esterno. Tutto divenne minaccioso e sconosciuto. Non potendosi più fidare di se stessi perché non si ha più il contatto con la fonte, non ci si può più fidare di nessun altro, non riconoscendolo più come parte di Sé. Necessita il controllo di qualsiasi cosa e questo controllo, paradossalmente, sarà poi la spinta propulsiva al 'conoscere', per la quale, prima o poi, Tradimento si ritroverà di fronte alla sua parte divina, riconoscendola dentro allo specchio della sua stessa esistenza!

La quinta e ultima ferita fu l'Ingiustizia: la parte che era del Creatore e che non si ricorda assolutamente più di esserlo stata, è arrivata in fondo, la caduta è completa, la grande ingiustizia di non poter essere perfetti sarà l'ultima dolorosa incisione nel profondo Sé: non sentirsi mai all'altezza delle proprie aspettative, non concedersi mai una tregua, anelare costantemente all'ideale sentendo profondamente che c'è qualcosa di più del bianco e del nero, dell'alfa e dell'omega, del mondo finito. Il dolore infinito di percepire ingiusta la giustizia stessa in quanto il bene di una persona può essere il male di un'altra! Ciò che risulta giusto per qualcuno può non esserlo per qualcun altro. Cercare fuori, ciò che invece si dovrebbe 'sentire' all'interno, irrigidisce, blocca. É la caduta finale, il tonfo, la fine del trauma. La sosta. L'angelo diventato carne, diventato uomo, è precipitato!

Guardò il suolo per un tempo che sembrò infinito... si sentì rifiutato e poi solo e poi nudo e poi tradito ed fu tutto un 'non è possibile', 'nessuno mi vuole', 'mi sento solo', 'io-io-io', 'non mi fido', poi... come sentendo un richiamo più forte... alzò gli occhi verso il cielo e si riconobbe nelle stelle! Una voce in qualche modo lo chiamò, lui la sentì, la percepì... si guardò intorno e scoprì una bellissima creazione messa a disposizione per lui, la terra, l'erba, il sole, la rugiada al mattino... l'Amore. Comprese, senza sapere da dove questa comprensione arrivasse, che c'era qualcosa di più oltre al nero freddo e gelido dello spazio infinito. Il 'Creatore di Tutto Ciò Che E' stava mantenendo la sua promessa: bussava e bussava forte.
Il Gioco doveva continuare!
Dopodiché la Luce cominciò a risplendere, guardando le stelle l'angelo che aveva perduto le sue ali, diventato uomo, accese una fiammella anche dentro al proprio buio interiore dando ragione a 'quel' Trismegisto che un giorno disse:

"È vero senza errore e menzogna, è certo e verissimo! Ciò che è in basso è come ciò che è in alto, e ciò che è in alto è come ciò che è in basso, per compiere i miracoli della Cosa-Una (di una cosa sola). Come tutte le cose sono sempre state e venute dall'Uno, per mediazione dell'Uno, così tutte le cose nacquero da questa Cosa Unica per adattamento."

Ora può iniziare la risalita. Lo sguardo interiore mantenuto verso la Luce da la direzione, è la bussola nella nebbia che ora, comunque, si fa sempre meno spessa.
Finalmente ci si accorge che il proprio dolore ha una origine, che può essere 'guarito'.
Le modalità di guarigione delle 5 ferite sono le cinque dita

della mano, tesa dal Creatore, alle parti di Sé stesso che hanno accettato il dolore perché il Creato potesse evolvere.

A mano a mano che il mondo si illumina le ferite cominciano a guarire.

Il Rifiuto può diventare Accettazione: "Capisco di non essere sbagliato, di non aver nessun errore dentro di me, non devo fuggire da nessuna parte perché è proprio all'interno di me che capisco profondamente di essere una scintilla divina unica e irripetibile."

Il grande alchimista sta trasformando il piombo in oro.

L'Abbandono diventa finalmente Accoglienza: la solitudine non è più, le lacrime possono essere asciugate. Ci si ritrova dal sentirsi soli al sentirsi il 'Tutto', unificato all'Universo, alla vita, legato intimamente a tutti gli esseri come 'parti del Sè' che ora si possono e si vogliono conoscere realmente, non perché ci si sente soli ma perché c'è tutto un mondo brulicante di 'Sé' da scoprire.

Ferita da abbandono diventa poeta.

L'Umiliazione diventa Valore: orgoglio di Sé e felicità nel riscoprirsi così infinitamente grandi! Nella sessualità il collegamento con Dio, sentire di essere Dio in quell'attimo sublime che è l'orgasmo, attraverso il quale ci riuniamo a lui e diventiamo creatori della Vita!

Niente più vergogna ma: contatto! Finalmente l'orgoglio di sentirsi Dio senza avvertire più la colpa di nessun qualsivoglia Peccato Originale a trattenerne la comprensione.

Il maschile e il femminile si riuniscono e diventano l'Uno.

Il Tradimento si trasforma in Fiducia: si può smettere di tenere tutto sotto controllo affidandosi intimamente al 'Creatore di Tutto Ciò Che E'.

"Egli ha mantenuto la sua promessa! Finalmente so che quell'Io che percepivo così grande e che sentivo come immensa responsabilità -e che non volevo- altri non era che Lui. Lui che bussava talmente forte in mezzo al petto da farmi sentire dolore! Lui che finalmente è riuscito ad aprire il mio cuore facendosi sentire."

Ora le tensioni possono essere allentate. La conoscenza acquisita, da frammentata che era, diventa un grande puzzle che mostra una immagine definita. Tutto assume un senso e Tradimento può sentire finalmente la gratitudine che scioglie il ghiaccio del suo petto. Ora può finalmente piangere, commuoversi, 'essere'.

Nasce la fede.

L'Ingiustizia finalmente assume i contorni dell'anelata Perfezione: la perfezione dell'Imperfezione!

L'uomo diventa maestro di se stesso.

Il Gioco finalmente svelato rivela un disegno più grande, al di là di qualsiasi terrena giustizia.

"Al di là del Bene e del Male"c'è il Superuomo di Nietzsche e questo superuomo si riconosce nello stesso Creatore! Ora capisce perché non era mai soddisfatto dei risultati, ora il suo anelito di perfezione acquisisce un senso e il rigido può diventare fluido.

"Posso essere acqua, e pioggia, e lago, e fiume e riversarmi nel mare. Adattarmi agli spigoli, alle curve, espandermi nell'universo e da lì sentirne il movimento perfetto!

Capisco che la perfezione non permette l'evoluzione! Comprendo profondamente che questa perfezione, così come l'ho sempre concepita, è una sfera sì perfetta ma immobile, in quanto la perfezione non permette altro che se stessa. Capisco come mai il 'Creatore di Tutto Ciò Che E' ha scelto di essere Due e poi Tre e poi... tutti gli infiniti numeri dell'Universo. Percepisco esattamente come tutte le idee e i talenti e la gioia, che sento finalmente al centro del mio essere, appartengano a Lui, siano Lui. Sono Lui. IO SONO LUI!"

Finalmente comprende la profondità dell'insegnamento del Grande Maestro Asceso, Conte Saint Germain:

-"Stai calmo e sappi: Io sono Dio!"-

INIZIO

Per sessioni individuali personalizzate é possibile contattare
Anna Maria Maddalena Dilevrano all'indirizzo e-mail:
lalunaelunicorno@gmail.com

Indice:

Il Gioco Divino del Ricordo di Sé

Risolvi le 5 ferite in 5 passi

con il metodo MeG

"Uno strumento di crescita ed evoluzione spirituale che ti aprirà a una nuova dimensione"

Gli esercizi di Fisica Quantistica e la canalizzazione diretta dal *Maestro Asceso Saint Germain* ti permetteranno di comprendere l'origine delle 5 ferite emozionali

Anna Maria Maddalena Dilevrano

Kinesiologa, Theta Healer, Educatrice alimentare, Operatrice per le 5 ferite emozionali. Ideatrice del metodo MeG, Fondatrice della Magical Life's street Academy.

ANNA MARIA MADDALENA DILEVRANO

www.ingramcontent.com/pod-product-compliance
Lightning Source LLC
Chambersburg PA
CBHW052005090426
42741CB00008B/1555